Werner Wagner

Religion

zwischen
Abenddämmerung
und Morgenröte

Bibliografische Information der Deutschen
Nationalbibliothek:
Die Deutsche Nationalbibliothek verzeichnet diese
Publikation
in der Deutschen Nationalbibliografie; detaillierte
bibliografische Daten sind im Internet über
http://dnb.dnb.de abrufbar.

© 2020 Werner Wagner
Herstellung und Verlag:
BoD – Books on Demand, Norderstedt

ISBN: 9783750441545

Inhaltsverzeichnis

Vorwort

Neben den Fragen, die das menschliche Sterben stellt und der Frage nach Gott, die im Hinblick auf die viel erörterte Eigengewichtigkeit der Säkularisation doch nicht so brennend aktuell zu sein scheint, ist es wohl die nach der Zukunft der Religion. Sie scheint sich in und besonders außerhalb der Religionsgemeinschaften als Grundsatzfrage zu stellen. Deshalb zu dem Thema Religion die folgenden Überlegungen.

Die Überlegungen beanspruchen nicht den Aufbau einer Systematik. Sie wollen zum Weiterdenken wie zum Widerspruch anregen. Dabei bin ich allerdings von einer sich mir nach längerem Nachdenken eröffneten Vorstellung überzeugt: Der Mensch oder die Menschheit hat die Religion ähnlich nötig wie das tägliche Brot, denn ohne eine grundsätzliche Orientierung ist das Leben menschlich nicht möglich. Das Tier hat Instinkte zu einer Orientierung, der Mensch hat eine freie Vernunft; auf dieser Basis vollzieht sich Religion, auch wenn Religion und Vernunft nicht selten als Gegensätze gelten.

Einleitung

So manche glauben, für die Religion habe die letzte Stunde geschlagen. Das ist zu kurz gedacht. Bis in die Gegenwart hatten und haben alle Völker eine Religion, und wo man versucht hat, diese auszurotten, kann man eine Wiederkehr feststellen, wenn auch der Eindruck nicht überwältigend, eher zaghaft ist.

Wohl ist ganz allgemein zur Kenntnis zu nehmen, dass die Religion anscheinend oder scheinbar an Einfluss verliert. Ein Beweis sind für viele die nur schütter besuchten sonntäglichen Gottesdienste und die zurückgehende Teilnahme am Religionsunterricht, der durch Ethik ersetzt wird. Hinzu kommen die theologischen Fakultäten, die nicht mehr wie ehedem die Krönung oder den Anfang, sondern heute das Schlusslicht der Wissenschaften bilden und im staatlich geförderten Wissenschaftsbetrieb nicht unumstritten sind. So dürfte das Wort Abenddämmerung angebracht sein. Und das Wort Morgenröte? Kirchentage, die zu religiösen, gesellschaftlichen, politischen Fragen Stellung nehmen und die durch Medien verbreitet werden, sind selbstverständlich. Ganz allgemein kann man feststellen, dass Stellungnahmen von Theologen und Kirchenvertretern gefragt sind. Nicht zu vergessen ist die seit den sechziger Jahren erscheinende allgemein verständliche theologische Literatur, die zum Teil zu den Bestsellern gehört.

Zwischen Abenddämmerung und Morgenröte ist dunkle Nacht. Wofür ist diese ein Symbol? In der Nacht kann man sich gesund schlafen und Kräfte sammeln für den Tag. Für die Gegenwart der Religion stelle ich das Gegenteil fest. Wie in Albträumen kämpfen wirre Gedanken in höheren Kirchenkreisen gegeneinander, auch in und zwischen den Religionen, wobei die Menschen, die vielfach anders denken, auf der Strecke bleiben.

Die Krise der Gegenwart

In den Staaten, in denen der Islam das Sagen hat, ist fast überall ein gesellschaftliches, politisches, ökonomisches und religiöses Durcheinander. Die vielen unschuldigen Toten und das soziale Elend wären wegen ihrer Komplexität in einem eigenen Kapitel zu behandeln.

Die politisch religiöse Führung kennt trotz mancher Wahlen keine eigentliche Mitbestimmung des Volkes und vor allem keine freie Meinungsäußerung.
Was den Islam ganz allgemein kennzeichnet, ist:
- Keine Trennung von Staat und Religion
- Abschirmung gegenüber der westlichen Kultur.

Was die Religion des Westens trotz ihrer sehr verschiedenen Formen kennzeichnet, ist ihre Auseinandersetzung mit der säkularen Welt.

Das Werden dieser Welt beginnt im 16. Jahrhundert mit der Astronomie, die eine Eigenständigkeit des Globus einleitet sowie ein neues Weltbild schafft. In der Aufklärung wird die Freiheit gepaart mit der Vernunft als für den Menschen wesentlich bestimmend definiert. Durch die im 18. Jahrhundert beginnende Industrialisierung ändern sich in der folgenden Zeit die wirtschaftlichen, ökonomischen- und sozialen Verhältnisse. Die Französische Revolution mit ihren Forderungen von Freiheit, Gleichheit und Brüderlichkeit (das Gemeinte ist besser getroffen mit Solidarität) leitet die demokratische Rechtsstaatlichkeit ein. Das 19 Jahrhundert ist gekennzeichnet vom Beginn der Verwissenschaftlichung der Lebensbereiche. Die Trennung von Staat und Religion sowie deren Privatisierung sind aufgrund der ganzen Entwicklung zur Eigenständigkeit der Lebensbereiche eine logische Folge.

Im 20. Jahrhundert kommt es endlich zur Gleichberechtigung der Geschlechter, die allerdings immer noch nicht ganz gelungen ist. Wieder ein Beweis, dass kulturelle Prozesse sich nur langsam vollziehen.

Das Ergebnis der Entwicklung der zweiten Jahrtausendhälfte ist der demokratische Rechtsstaat mit seinen bürgerlichen Freiheiten. Nochmals sei hingewiesen auf die Eigenständigkeit der Lebensbereiche, die die Neuzeit prägen.

Die Staaten, in denen der Islam das Sagen hat, gibt es von all diesen Entwicklungsstufen so gut wie nichts. Bereits im Mittelalter stagnierte im Vorderen Orient die Entwicklung; weshalb, ist unklar oder umstritten. In der Moderne finden wir importierte Industrie, die sich hauptsächlich "um das Öl dreht". Die staatlich geförderte Atomphysik mit der entsprechenden Technik soll die eigene Machtposition stärken, im politischen Geschäft ein Mitspracherecht erzwingen und den Anschluss an die Zukunft garantieren.

Die Moderne des Westens erscheint wie ein wirrer Haufen, dessen Einfluss zerstörend wirkt. Deshalb die Abschottung in jeglicher Form. Dabei ist die herkömmlich eigene Religion der Stabilitätsfaktor für Politik und Gesellschaft schlechthin. Die persönliche Glaubenspraxis bleibt völlig unangetastet, und wehe dem, der in der Familie ausschert. Ein Glaubensverlust kann tödlich enden.

Für den Westen ist die Welt in ihrer Vielgestaltigkeit ein Ergebnis und ein Garant der Freiheit. Die Religion ist Sache des freien Individuums, das, wenn es die Religion positiv sieht, auch als von Fall zu Fall notwendiges Korrektiv in Staat und Gesellschaft begreift. So ist kurz gesagt, die Religion in Gesellschaft und Staat das mahnende Gewissen. Ist sie das nicht, dann hagelt es Vorwürfe.

Der Islam und die westlichen Religionen (Judentum und Christentum) sehen die Zukunft mit gemischten Gefühlen. Da eine Besinnung über die Religion ansteht, muss der Ausgangspunkt bedacht werden. Dieser ist die Vergegenwärtigung dessen, was Mensch-Sein heißt. Da in dieser Sicht alle Menschen übereinkommen und somit eine gemeinsame Basis auch in Bezug auf die Religion haben, soll bedacht werden, wer oder was der Mensch ist, oder etwas salopp modern gesagt, was ihn ausmacht. Das ist anscheinend doch nicht so klar, wie es nötig ist, besonders in der Religion.

Vorläufige Bestimmung des Menschen

Ein Gegenüber als Menschen zu erkennen, geschieht ganz spontan und selbstverständlich. Die Erfahrung, den Menschen von den übrigen Lebewesen zu unterscheiden, ist überhaupt kein Problem. Selbst kleine Kinder wissen Menschen von Tieren spontan zu unterscheiden. Auch in figürlich nachgebildeten Menschen der Vorzeit ist das typisch Menschliche problemlos darzustellen wie wahrzunehmen; auch das bestätigt die Erfahrung.

Problematisch wird es, wenn es um die Frage geht, was ist denn das eigentlich Menschliche? Eine kurze Antwort sagt, es ist das Geistige, das den Gesichtsausdruck prägt. Von hier aus weitergedacht bestimmt die griechische Philosophie den Menschen als das mit der "Geistsprache" (logos) begabte Lebewesen. Diese Bestimmung des Menschen blieb nicht unwidersprochen, was besonders in der Moderne geschah, als man mehr das Emotionale, das Triebhafte, das Machtstreben als das typisch Menschliche betonte. Dennoch sah man bei aller Verschiedenheit der Sichtweisen den Menschen in einer gewissen Besonderheit, eben als Menschen.

Das antike und mittelalterliche Verständnis der Wirklichkeit

Die Menschen denken nicht immer gleich. Interessen, Emotionalität, sich in einem Ganzen sehen oder sich mehr als verloren zu betrachten spielen eine Rolle. Empfindet man seine Lebenswelt als schön, dann gibt es auch ein irgendwie geartetes Abbild im Denken. Antike und Mittelalter sehen im Gegensatz dazu die Welt wenig erlebnismäßig, mehr abstrakt, philosophisch. Deshalb gingen sie in ihrem Denken von der Vorstellung der Gesamtheit alles Wirklichen aus. Darin hatte auch der Mensch seinen Platz. Das Denken hatte das Allgemeine zum Gegenstand, das einmal den Begriffsinhalt (Mensch, Dreieck, Tugend) und zum anderen die gedankliche Beziehung eines Begriffs zu den Objekten (Mensch als Artbegriff) betraf oder erfasste. Aristoteles hat versucht, die Denkinhalte durch Unter- und Überordnung zu gruppieren und auf Seinsklassen zurückzuführen. Ein Beispiel: Der Mensch ist ein Sinnenwesen, Lebewesen, Körperwesen, abstrakt philosophisch, eine Substanz. Darüber hinaus hat er 10 Begriffe (genannt Kategorien) entwickelt, um Begriffsinhalte auf Stammbegriffe zurückzuführen: Diese sind Größe, Beschaffenheit, Beziehung, Zeit, Ort usw..

Weshalb hat man dieses Vorgehen, das man damals Wissenschaft nannte, entwickelt? Die Eigenart dieses Denkens besteht darin, das Allgemeine, man dachte ja, wie bereits gesagt, ganzheitlich, in den Dingen zu erfassen. So wird die Erkenntnis durch die Art des Denkens vereinfacht. Und was für unsere weiteren Überlegungen der Abgrenzung der Neuzeit vom vorhergehenden Denken so wichtig ist: Auf diese Weise wird die gesamte Wirklichkeit zum Erkenntnisgegenstand, zum Objekt. Das ist für unsere Überlegungen maßgeblich und deshalb zu bedenken. Es kann ja schließlich auch anders sein.

Denn, wenn die Wahrheit definitionsgemäß die

Übereinstimmung von Wirklichkeit und Erkennen, von Denken und Sein ist, dann ist in dieser Gedankenfolge die Wahrheit mehr im Sein des Objektes als in der Art der Erkenntnis begründet, ist doch irgendwie das Objekt ausschlaggebend, denn um dieses geht es ja in der Erkenntnis. Das wäre dann ein gleichsam "objektiver Wahrheitsbegriff" als Kennzeichnung der alten Philosophie.

A Die Neuzeit und die Wende im Denken

Die Wende zur Neuzeit muss von verschiedenen Seiten gesehen werden, wobei die folgende Feststellung die Zeiten wesentlich unterscheidet, denn die dem Mittelalter folgende Neuzeit ist subjektiv orientiert. Was soll das heißen, da in dieser Zeit die Wissenschaften über die Natur, in denen die objektiv orientierte Beobachtung und Mathematik die Erkenntnis bestimmen, entstehen? Ist dann nicht alles objektiv bestimmt? Nein, denn die Einstellung des Menschen gegenüber seinem Leben, wie er sich in der Lebenswirklichkeit sieht, wird selbst- und personbezogener als in den vergangenen Zeiten.

Diese Wende zur Neuzeit begann bereits im Spätmittelalter, als um dreizehnhundert der Nominalismus den Menschen als Subjekt zum Ausgang des Denkens erklärte und das Wollen über das Erkennen stellte. Man soll sich vergegenwärtigen: Im Denken geschieht durch die Übereinstimmung in dem, was man erkennt, mehr Übereinstimmung als im Wollen. Wenn die Wesenhaftigkeit das Eigentliche der metaphysischen Erkenntnis ist, dann ist auch die Übereinstimmung das Eigentliche. So sind auch die Begriffsinhalte das die Erkennenden Verbindende. Die Übereinstimmung der Erkennenden in der Wesensbestimmung ist so selbstverständlich, dass diese so gut wie nie reflektiert wird.

Dagegen steht, was Menschen wollen; das ist individuell sehr verschieden, weil ur-persönlich. Die Mystik mit ihrer eigenen, zur Kirche sich distanzierenden ur-religiösen Erfahrung, Luther mit seiner Frage, wie bekomme ich, Martin, einen gnädigen Gott, sind individuell zu sehen. Descartes mit seinem Denkansatz, ich denke, also bin ich, Christian Wolff, der im 18. Jahrhundert den subjektiven Begriff Bewusstsein gebildet hat, Kant mit der Frage, was ist der Mensch und Nietzsche bei aller Fragwürdigkeit mit seiner Idee des Übermenschen, sie alle sind ein Zeugnis, mit Recht von einer neuen, personal ausgerichteten Zeit zu sprechen. Der Mensch als Mittelpunkt steht allem gegenüber, sei es denkend oder beherrschend. So ist eine veränderte Besinnung auf das Menschsein in der neuen Kultur- und Religionsgeschichte unumgänglich.

Da es um die Erkenntnis des Menschlichen schlechthin geht, ist eine Betrachtung des Menschlichen angesagt, das allgemein, d.h. sowohl in den Religionen wie außerhalb derselben sich bestätigt findet. Es geht um die Frage, wie kann Religion Wirklichkeit werden und nicht, wie sind bestehende Verhältnisse zu rechtfertigen, um sie zu erhalten. Es geht um das Heute und die erkennbare Zukunft unserer Existenz.

Vergangenheits- wie Gegenwartsgeschichte und Philosophie sind der Weg zur anvisierten Erkenntnis. Die Geschichte als Aufweis der Fakten ist der Erfahrungsbeweis und die Philosophie zeigt die dem Denken zugänglichen Ursachen und die Gründe der Zusammenhänge auf. Der Aufweis von Fakten und deren Analyse ist dann nicht ideologisch, wenn es nicht um die Rechtfertigung von Fakten geht. Es geht ja um den wertfreien Ausgangspunkt des Existenzverständnisses und die Folgen.

Als Konsequenzen aus der neuzeitlichen Kultur- und Philosophiegeschichte dürften neben bestimmten Gesellschaftswissenschaften gerade für die Religion folgende allgemein akzeptierbare Grundvoraussetzungen, die gleichzeitig auch Erfordernisse sind, zu bedenken sein: die Gleichheit aller Menschen, die grundsätzliche Offenheit der Welt und Freiheit des Menschen, seine Dialogfähigkeit und die Welterfahrung der Geschichtlichkeit.

Dazu einige Hinweise: Die Französische Revolution erhob die Forderungen von Freiheit und Gleichheit. Die Reformation und Aufklärung verbindet die Betonung des Wortes. Das historische Denken des 19. Jahrhunderts und die Erkenntnisse der Evolution führten dazu, die Wirklichkeit dynamisch (geschichtlich) zu sehen.

Das sind Meilensteine in der Entwicklung neuzeitlichen Denkens, die Allgemeingut geworden sind. Sie sind zwar kulturgeschichtlich bedingt in Westeuropa entstanden. Sie dürften aber, wenigstens was ihre Zielvorstellungen betrifft, das gesellschaftliche und politische Leben auch sonst wo prägen, zumal der Westen einschließlich des Transatlantik auf fast allen Gebieten – man denke an die UNO – global bestimmend sein.

Für die Religion ist wichtig, dass sie zeitgemäß ist und nicht in der Weise unabhängig, dass sie irgendwo in einem phantastischen Niemandsland in prunkvollen Gewändern geistlos dahinvegetiert.

Was den einzelnen Menschen wie auch menschliche Gemeinschaften auszeichnet, sind die oben schon erwähnten Punkte: Die Gleichheit, die Offenheit, die Dialogfähigkeit und die Geschichtlichkeit.

Die Gleichheit

Die Gleichheit ist das alle Ungleichheiten Verbindende. Über die vielen gesellschaftlichen und politischen Ungleichheiten zu reden, ist hier nicht der Ort. Es geht um die Religion, die durch die Ämter hierarchisch aufgebaut ist. Was Religion zu sein hat, wird dann von oben bestimmt. Wenn in der Natur Ähnliches geschieht, z.B. für oder über den Wald verfügt wird, was wachsen darf und was nicht, dann kommt es durch die einseitige Bepflanzung zu Sturmschäden, die später durch Katastrophen wie das Orkantief Lothar im Dezember 1999 wieder beseitigt werden. In der Religion ist die verfügte gleiche Ungleichheit ein Dauerbrenner. Da Religion wesentlich Erfahrung und somit Erleben beinhaltet, geht ein erheblicher Teil an lebendiger Religion verloren, und zwar allein durch die Ungleichheit (Ämter). Es fehlt eine Voraussetzung, die vielleicht nur die Gleichheit schaffen kann. Paulus will sie durch die Liebe erreichen, wobei Ämter nur Funktionen sind und keine Privilegien, wie er nur in anderer Weise schreibt.

Die Gleichheit bewirkt auch eine gemeinschaftsfördernde Ungezwungenheit. Freier nachbarschaftlicher Verkehr, auch zwischen verschiedenen Religionsanhängern, verlebendigt die Religion des Alltags, die die eigentliche ist, viel mehr als die durch Institutionen geschaffene oder aufgezwungene.

Die Offenheit

Offenheit und Freiheit sind die beiden Seiten ein und derselben Münze. So, wie die Welt sich uns heute zeigt, ist sie ein Beweis für die Offenheit wie Freiheit. Die Geschichte vom Handwerk hat als Verwirklichungselement die Freiheit. Die Geschichte von Technik und Wissenschaft ist ein weites Feld verwirklichter menschlicher Offenheit. Die Vielfalt wurde geschaffen und ist nicht naturgegeben, sie ist von der Natur nur ermöglicht.

Wenn es nicht eine einzige, die wahre Religion gibt, sondern mehrere, dann ist das keine menschliche Unfähigkeit. Es ist ein Beweis geistiger Freiheit des Menschen. Da Menschen verschieden sind und unter verschiedenen kulturellen Gegebenheiten mit ihren jeweiligen Erfordernissen leben, existieren die Religionen in den verschiedensten Variationen. Es ist ein Zeugnis geistiger Beschränktheit, eine einzige Religion schaffen zu wollen; darüber hinaus ist die Verschiedenheit ein Beweis für die Weltoffenheit des Menschen, d.h. sein Leben nach seinen Vorstellungen, Gegebenheiten und Erfordernissen zu gestalten. Weil die Menschen wie auch die Lebensgegebenheiten verschieden sind, sind auch deren Lebensgestaltungen verschieden.

Da Religion neben anderen Faktoren das gesellschaftliche Leben gestaltet, ist auch auf diesem Gebiet das Leben vielfältig. Eine Binsenwahrheit, die oberhalb einer höheren Ebene leider nur schwer einzusehen ist.

Lehrautoritäten, gleichgültig in welcher Form, sind ein Feind der Freiheit; da Freiheit Möglichkeiten der Lebensgestaltung schafft, werden durch Reglementierung die Möglichkeiten eingeschränkt. In der Religion sollte aber die Möglichkeit Realität werden, die sich in der Praxis des Experimentierens und des freien Gedankenaustauschs als lebensnah erwiesen hat. Das Ausschließen von Abweichlern oder Häretikern bringt Enge hervor; kurzfristig mag das dem Profil dienen, langfristig schadet das der Lebendigkeit, die dem Geistigen der Religion die Lebenskraft verleiht.

Der internen Offenheit der Religionsinstitutionen sollte auch eine externe Offenheit entsprechen. Im Zeitalter der Internationalität und Globalisierung sind Öffnungen zwischen den Religionen das Gebot der Stunde. Die Religionen sind heute zu einem Teil international. Durch ihre Verbindungen können sie die Basis für eine Verständigung von Gegnern schaffen. Gegnerschaften, die von der Mentalität her begründet sind, sind gerade für die Religionen das Feld, auf dem der Lebensnerv irrationaler Vorurteile langsam zum Absterben gebracht werden kann. Religionen können die erforderliche Ausdauer aufbringen, da kulturelle Institutionen immer langfristig denken können.

So macht Offenheit die Religion weit und interessant. Offenheit und Freiheit haben die Geschichte der Menschheit bestimmt, denn durch beide wird immer wieder Neues ermöglicht.

Durch Offenheit und Freiheit gibt es auch eine Religionsgeschichte, das heißt, dass Grundüberzeugungen immer wieder an neu geschaffene Verhältnisse angepasst wurden. Da die Bibel in den verschiedenen Schriften einen Zeitraum von über tausend Jahren beschreibt, ist sie für die Religionsentwicklung auch so interessant.

Da in einer Krise, das heißt einer Zeit, die vergeht und in der Neues entsteht, gerade Offenheit ein notwendiges Erfordernis ist, ist allem Festhalten am Alten, das angeblich allein die Wahrheit verbürgt, Dummheit zu bescheinigen.

Die Dialogfähigkeit

Die Dialogfähigkeit hat zwei Ebenen: die der von Mensch zu Mensch sich ereignenden sprachlichen Mitteilung, besonders bei schriftlosen Naturvölkern, und die der Buchreligionen, so besonders bei den drei monotheistischen Religionen. Die asiatischen seien nur genannt, da sie eigens bedacht werden müssten.

Sprache ist das, was uns am eigentlichsten verbindet, denn wir können in ihr unser Denken Mitmenschen offenbaren. Unser geistig Inneres wird von einem Angesprochenen geistig innerlich aufgenommen. Da Religion vielfach sich als Gemeinschaftsvollzug zeigt, verbindet sie Menschen und schafft so eine geistig-seelische Geborgenheit. Wenn die freie Rede garantiert ist, das heißt wenn Toleranz im Miteinander selbstverständlich ist, dann sind Trost sowie Ermutigung oder auch ein sich Aussprechen möglich.

In den drei monotheistischen Religionen spielen ihre jeweiligen Bücher als Glaubensquelle eine wichtige Rolle. Sie sind aber weder ein Rezept noch eine Gebrauchsanweisung, was bisweilen bei besonders Religiösen so zu sein scheint.

Texte sind immer, da Rückfragen nicht möglich sind, zu interpretieren, was ganz allgemein gilt. Bei Texten des Altertums sind die Zeitumstände als entscheidend für das Verständnis zu berücksichtigen. Das geschieht in der historisch-forschenden Bibelwissenschaft. Die Fremdheit biblischer Texte zeigt sich auch in den scheinbaren und tatsächlichen Widersprüchen: Im Fremden das Vertraute, im

Widerspruch das Einverständnis, im Suchen keine Verheißung des Friedens zu empfangen, das zeigt treffend menschliches Daseinsverständnis, was Texte übermitteln können. Texte der Religionen machen gerade das anscheinende oder scheinbare, das einleuchtende wie unverständliche, auch das widersprüchliche Daseinsverständnis interessant.

Die Reformation ist religionsgeschichtlich durch die Wiederentdeckung des Wortes interessant geworden. Das wirkte weiter in der Aufklärung, und beide zusammen gaben der Theologie und Religionsgeschichte die Impulse, ohne die die christliche Religion der Gegenwart nicht zu erklären ist. Das könnte auch Vorbild sein für andere Religionen, die sich aufgrund der Entwicklung in der Klemme zwischen der Vergangenheit und Zukunft befinden und meinen, die Lösung in der Vergangenheit zu finden Damit sind wir am letzten Punkt, der für die Religionen der Gegenwart eine Gegebenheit ist und ihre Wirklichkeit bestimmt: Die hart umkämpfte aber nicht zu leugnende Geschichtlichkeit.

Die Geschichtlichkeit

Was die Wirklichkeit der Religionen seinsmäßig bestimmt, ist die Geschichtlichkeit, weil ihre Existenz immer im Werden ist. Der Ausspruch des griechischen Philosophen Heraklit "alles fließt" wird gerne im Zusammenhang mit der Natur gebraucht, er gilt aber in ähnlicher Form für das Soziale und Kulturelle. Hier gibt es Veränderungen in Mini-Form wie auch mittlere, große und entscheidende Veränderungen. Eine Bildungsreform wie die der fünfziger Jahre war wohl eine Mini-Veränderung, die Industrialisierung eine große, aber der Beginn der Neuzeit, in der sich das ganze Weltbild wandelte, war eine entscheidende und einschneidende, da sie eine

21

Totalveränderung mit Konsequenzen auf allen Gebieten bewirkte und auch heute noch keinen Abschluss gefunden hat.

Gebräuche und Feste unterliegen kulturbedingten Veränderungen. Der Jahreswechsel wird neu erlebt, anders gestaltet und erhält so eine neue Bedeutung, das Frühjahr ebenfalls. Kulturgeschichtliche Veränderungen mit ihrer Tradition und ihren parallel gestalteten Neuheiten sind so ein überzeugendes Beispiel für ein Erleben der Geschichtlichkeit. Man muss nur darüber nachdenken.

Die monotheistischen Religionen haben nach meinem Eindruck die Problemlage nur zu einem geringen Teil erkannt. Diese zu erkennen ist aber entscheidend für ein Religionsverständnis, das dem 21. Jahrhundert entsprechen könnte. Wenn man seine einmal gewonnene Glaubensüberzeugung als die Wahrheit schlechthin sieht, dann lebt man unter Umständen in irgendeiner Welt, nur nicht in der Gegenwart. Die Gegenwart ist aber wie auch schon vor Zeiten der Ausgangspunkt.

Das ungeschichtliche Denken ist mit die Ursache für den schlechten Ruf, den heutzutage die Religion hat. Man hält sie für antiquiert, d.h. für überholt. Da sie nicht zeitgemäß ist, hat sie nichts mehr zu sagen, was die Zeit angeht. So sprach Nietzsche im "tollen Menschen" mit Recht vom Tod Gottes und den Kirchen als Grabmälern.

Schlussfolgerungen aus den Grunderfordernissen

Gleichheit, Offenheit, Dialogfähigkeit und Geschichtlichkeit sind Grundvoraussetzungen für eine zeitgemäße Religion. Es geht nicht um Konsequenzen, wohl um Voraussetzungen, die ohne Vorbehalte zu erfüllen sind, da sie keine Religionsüberzeugung voraussetzen aber das Wirklichwerden von Religion ermöglichen. Auf der Basis dieser Grundforderungen können sich

Religionsüberzeugungen entfalten. Da gewisse Religionsformen antiquiert sind, erscheinen die Grundvoraussetzungen als Forderungen, die als ungehörig bekämpft werden.

Manche Grundüberzeugungen sozialer, politischer oder religiöser Art (betreffend: Besitzbürger, Ukrainer oder Iren, Moslems oder Katholiken), die in irgendeiner Form ausschließenden Charakter haben, gehören nicht in unsere Zeit und haben mit Religion nichts zu tun, da sie Ideologien sind, das heißt Rechtfertigungen ihrer etablierten, menschenverachtenden Ansichten. Religion wird leider nur zu oft als Ideologie verkauft, weil man die eigene Glaubensüberzeugung als die Wahrheit schlechthin ansieht. Ideologie ist also die Rechtfertigung der eigenen Position, eine verbreitete Pseudoreligion. Man kann das auch noch unmenschlich sehen, nämlich als eine reine Rechtfertigung der eigenen religiösen Position, die im Ansatz Diktatur und am Ende religionstötend ist.

Was Neuzeit und Moderne charakterisiert

Die Neuzeit wird eingeleitet durch ein Denken, das seinen Ausgang nimmt um dreizehnhundert, als Konkretheit und Singularität des Seienden und nicht die allgemeine Wesenhaftigkeit das zentrale Thema sind. So oben kurz angedeutet.

Einen Höhepunkt der Einleitung der Neuzeit ist die Astrophysik, durch die das traditionelle Weltbild grundsätzlich verändert wird.

Die spätmittelalterliche Mystik betont die persönliche Erfahrung als die Alternative zum bloßen Denken. Diese persönlich geprägte Haltung bestimmt auch die Reformation sowie das 17. Jahrhundert und nachfolgend die Romantik. Aufklärung, Kant und den Deutschen Idealismus rechne ich in der weiteren Entwicklung zu dieser Zeit gehörig.

Danach folgt im 19. Jahrhundert die Moderne, in der die intensiv be- und durchdachte Tradition einer radikalen Neuausrichtung weichen musste. Diese ist zu einem nicht unerheblichen Teil bis in unsere Tage bestimmend, was sich zeigt in den fast ausschließlich an gesellschaftlichen, politischen und naturwissenschaftlich sich stellenden Fragen, die philosophisch bedacht werden. Ein Teil der gewiss notwendigen Wissenschaftstheorie ist symptomatisch.

B Die Religion als individuelles Daseinsverständnis

Die verschiedenen Sichtweisen von Religion und deren
Theologie

Die Religion ist grundsätzlich zweifach zu sehen. Religionen
bilden Gemeinschaften mit je eigenen Aufgabenfeldern.
Religion wird aber auch individuell-persönlich ge- und
erlebt. Da die Religion Menschen in ihrer Gesamthaltung
grundsätzlich motiviert, gibt es im Individuellen und
Gemeinschaftlichen, im Persönlichen und Institutionellen
Übereinstimmungen, die ein Zeugnis von Lebendigkeit sind.
Was der individuell-persönliche Glaube beinhaltet, dafür ist
Paulus mit 1 Kor. 13,13 ein Zeuge: Glaube, Hoffnung und
Liebe bedeuten leben in der Religion, individuell wie
gemeinschaftlich, wobei besondere Gaben der Rede, des
Tuns und der Intelligenz im Gegensatz zu den
Religionsgemeinschaften mit ihren Bevorzugungen
(Privilegien) nach 1 Kor. 13 bedeutungslos sind. Was hier
von den Grundvoraussetzungen zu erwähnen ist, sind die
Gleichheit und Offenheit wie auch die Dialogfähigkeit. Zu
diesen Grundvoraussetzungen ist die Mitmenschlichkeit
zwar eine nicht genannte, aber logische Folge.
Interessant ist auch die das neuzeitliche Menschsein
bestimmende Ausrichtung auf die Aktivität. Diese Betonung
des Willens und der Tat findet sich ohne den geschichtlich
zu sehenden Problemhintergrund der Neuzeit auch in der
Bibel. Bei Paulus mit der starken Betonung der Liebe. Bei
Matthäus und Lukas ist das soziale Handeln in ihren
Bergpredigten das allein Entscheidende.
Interessant ist auch folgende, für mich nicht zu
widerlegende Beobachtung. Durch den Einfluss der
griechischen Philosophie, vor allem auf das nachbiblische
Christentum – Johannes muss gesondert, differenziert
betrachtet werden – hat die Theologie einen betont
intellektualistischen Charakter bekommen. Die wenig gute,

besser: schlechte Verfasstheit des Menschen wurde von Augustinus abgehandelt mit der unglückseligen Lehre der Erbsünde, die über Jahrhunderte bis heute das Denken belastet hat, wobei auch die Gegenargumente der Aufklärung die Beschränktheit nicht beseitigen konnten. Dass die Erbsündenlehre einen sehr problematischen Hintergrund hat, der kontrovers zu bedenken ist, sei als Abschluss angedeutet.

Interessant ist hier das Folgende: Man wollte den Glauben an die Existenz Gottes auch denkerisch rechtfertigen. Diese Art, der biblischen Religion zu begegnen, hat die Theologie überhaupt geprägt. Diesen Einfluss hatte nicht nur die platonische, sondern auch die aristotelische Philosophie ausgeübt und so über Jahrhunderte die universitäre Theologie geformt. Da dieses Denken abstrakt war und wenig Bezug zum neuzeitlichen wie auch zum modernen Lebensgefühl hatte, lebte man glaubensmäßig an der Gegenwart vorbei. Hinzuweisen ist hier vor allem auf das gegenreformatorische Denken, das versuchte, die Menschen in ihrem Leben, d.h. da, wo sie sind, abzuholen. Beispielhaft ist hier vor allem Schleiermacher, für den Religion wesentlich Gefühl der Abhängigkeit vom Absoluten ist. Hier wird somit Religion erfahren, und so wird der Mensch persönlich, menschlich.
Auf diesem Weg wird Religion zum Erlebnis, was sie ja auch eigentlich ist. Es wird wahrscheinlich noch lange dauern, bis das verstanden wird.

Überlegungen zum Persönlichen im Glauben

Glauben wird vielfach als ein Für-wahr-Halten verstanden. So kann man das, was man glaubt, verstehen. Kann man etwas mit seinen fünf Sinnen nicht wahrnehmen, dann glaubt man dem, der Bescheid weiß. Nur kommt man so in der Religion nicht weiter, denn der andere weiß es auch nicht besser, weshalb auch er glaubt. Beruft er sich auf eine oder die Offenbarung, dann stehen wir vor weiteren Problemen, die man bisher auch nicht gelöst hat. Fragen wir besser, was das Glauben in der Religion eigentlich besagt. Ich meine, wenn wir fragen, weshalb Menschen glauben, kommen wir der Sache näher. Irgendwie muss es mit der Lebensgestaltung zu tun haben, denn was veranlasst uns, bei dieser zu glauben?

Was morgen auf uns zukommt und was wir dann machen, wissen wir nicht. Wir vertrauen darauf, dass wir mit den morgigen Aufgaben, auch wenn es schwierig wird, fertig werden. Dieses Beispiel kann ergänzt werden mit solchen künftiger Geschehnisse des jetzigen Jahres oder solchen der Zukunft überhaupt. Es gilt dann, gelassen oder vielleicht sogar optimistisch in die Zukunft zu schauen. Diese Form der Offenheit dem gegenüber, was auf uns zukommt, ist Zuversicht. Sie ist gleichzeitig eine Form der Freiheit. Zu all dem müssen wir uns entscheiden. Dieses Vertrauen ins Leben der nahen und ferneren Zukunft wird nicht selten auch Glauben oder Zuversicht genannt. Die von mir zu machende Unterscheidung von Glaube und Zuversicht, soll später erklärt werden. Hier genügt die Zukunftgerichtetheit des Menschen im Allgemeinen.

Die vertrauende Erwartung muss nicht unbedingt Glück bescheren, nur Zufriedenheit und ein sich mit dem eigenen Leben identisch Wissen, mag fürs erste genügen. So wird das Für-wahr-Halten ersetzt durch eine bejahende Lebenshaltung. Diese Form der Offenheit dem gegenüber, was auf uns zukommt, nenne ich Zuversicht. Sie ist eine Form unserer Freiheit. Dieses Vertrauen ins Leben darf man undifferenziert auch Glauben nennen. Die so verstandene Erwartung muss nicht unbedingt immer Glück bescheren. Wenn sich nach massiven Enttäuschungen im Laufe der Zeit Zufriedenheit einstellt, ist schon viel erreicht. Ein "sich mit dem eigenen Leben identisch Wissen" mag auch genügen.

Wahrheit als Übereinstimmung ist somit nicht nur von der Erkenntnislehre her zu begreifen. Es geht in der Religion um unser Leben. Mit diesem soll der Mensch sich identifizieren können, indem er es in, mit und durch Religion gestaltet. Folglich ist die Wahrheit eine persönliche Wahrheitsverwirklichung. Umfassender und weiter gedacht, in Übereinstimmung mit dem dynamischen Gesamtgeschehen überhaupt.

Da der neuzeitliche wie auch der moderne Mensch sich vornehmlich von seiner Aktivität und Eigentätigkeit her versteht, ist die Frage, die sich jetzt stellt, bezeichnend. In diesem Zusammenhang ist das Glauben mit seinen Konsequenzen in der Lebenshaltung nämlich ein "Eigenprodukt". Die Frage lautet: Was bewegt oder motiviert den Menschen, sein Leben so in die Hand zu nehmen, ein so hohes Maß an Zuversicht aufzubringen, dass im Leben tatsächlich vieles, auch besonders Schwieriges, zur Zufriedenheit gelingt, wobei man glaubt, man habe das ganz alleine geschafft nach dem weit verbreiteten Motto: "Jeder ist seines Glückes Schmied". Worin dieses Glück gelingenden Lebens besteht, wird dabei wenig erörtert. Wie man es erreichen kann, darauf richtet sich vornehmlich unsere Aufmerksamkeit. Ich möchte behaupten, mit dem Glauben ist es ähnlich. Dann ist weniger das Ziel als das Mittel oder der Weg dahin die Hauptsache.
Der Glaube ist wesentlich eine Haltung, die sich im Handeln zeigt. Das ist allerdings nicht nur typisch neuzeitlich, es ist auch biblisch. Da der Hintergrund der biblischen Religion, wie schon zwischenzeitlich auch in anderen Zusammenhängen bedacht und dargelegt wurde, durch die griechische Philosophie intellektualistische Züge zeigt – man denke an die Dogmatik als Glaubenslehre –, hinterlässt die Betonung des Handelns und Tuns, was die Dogmatik dann

nur ergänzt, den Eindruck, als sei Religion und Glaube nur Ethik.

Was typisch neuzeitlich erscheint und auch ist, hat auch antik- biblische Züge. Das festzustellen, ist nicht uninteressant, da die christliche Religion der ausgehenden Antike und des endenden Mittelalters in ihrer gegensätzlich interpretierten Zeitbedingtheit erscheinen. Auf diese Zeitbedingtheit können sich konservative Dogmatiker wie zeitgemäße Reformer, mit einem gewissen Recht, berufen.

Die moderne Welt und die Humanität

Die Forschungen in ihrer Gesamtheit haben seit 500 Jahren trotz aller fragwürdigen Eingriffe in das Weltgeschehen die Welt, in der wir leben, reichhaltig gestaltet. Deshalb meinen die Menschen bei uns auch, es gehe ihnen gut. Dass noch viele tausend Erdenbewohner von den Errungenschaften ausgeschlossen sind, ist vornehmlich ein politisches Versäumnis, was auch dem Journalismus vorzuwerfen ist.

Staatstheorien haben das gesellschaftliche und politische Leben bürgernah gestaltet. Rechtsstaatlichkeit und Demokratie sind trotz aller dümmlichen Gegenbewegungen für viele Menschen eine Selbstverständlichkeit. Dass sich das Arbeiten lohnt und ein besseres Leben beschert, ist die Einschätzung und Einstellung vieler. Sich für diese organisierte Arbeitswelt auch einzusetzen, ist eine selbstverständliche Überzeugung und Haltung der meisten.

Noch vieles, was das heutige Leben an Fortschritten kennzeichnet, wäre anzuführen. Naturwissenschaften erklären bisher unbekannte Zusammenhänge. Sind diese erkannt, können sie sich lebensfördernd auswirken. Die Wissenschaften vom Menschen erklären oder verdeutlichen bisher Rätselhaftes. Die Politik ist gegenwärtig in der angeblichen Aufgeklärtheit eine gewisse Ausnahme, wie es auch in ähnlicher Form in der ersten Hälfte des 20.

Jahrhunderts war.

Was unsere Zeit neben dem Positiven auch kennzeichnet, und zwar auf mehreren Gebieten, ist die Beschränkung auf die eigene Position. So ist gesellschaftlicher Egoismus dem persönlichen sehr ähnlich. Er kann sich dann auf allen möglichen Gebieten zeigen. Wenn ich es richtig sehe, sind die negativen Auswirkungen vor allem auf dem Gebiet der Politik, national wie vor allem international zu konstatieren und zu beklagen. Die Parteien denken nur an ihr Fortkommen, die einzelnen Staaten an ihre Machtposition, allen voran die Großmächte. In ihrem Gefolge stehen die kleinen und mittleren Nationalstaaten mit ihrem beschränkten Horizont. Angesichts dieser Tatsache möchte man den fast dümmlichen aber doch treffenden Ausspruch wiederholen: Alle denken nur an sich, und ich nur an mich. Wer oder was bleibt auf der Strecke? Der Mensch und die Humanität!

Fast möchte ich sagen, wenn es nur nicht so banal wäre: Der Mensch muss ganz neu entdeckt werden. In allem, was wir denken, planen und tun, müssen wir lernen, nach den Menschen, die es betrifft, d.h. nach deren Leben, zu fragen. Die eigene Position, die eigene Gruppe, das politische Vorhaben haben als Allererstes nach dem Wohl der Menschen zu fragen. Dabei sind Ländergrenzen keine Barrieren der Humanität. Und so ist weiter zu denken. Hier müssen wir alle noch viel lernen, und vor allem umdenken, sonst kann man auf alles pfeifen, wie man simpel, aber treffend sagt. Wissenschaftlich ausgedrückt: Ein Paradigmenwechsel (Denkvorstellung der Lebensverhältnisse) ist das Gebot.

Durch ein völlig neues Denken, das einfach gesagt, nicht die Macht, sondern den Menschen als zentrale Größe begreift, wird das aktuell, was Jesus Reich Gottes nannte. In der Weise ist die Zukunft zu bauen. Der Paradigmenwechsel ist Sache einer breiten Diskussion innerhalb wie zwischen den Religionen, der Politiker, der Wissenschaftler, in den

Bildungssystemen und nicht zuletzt der Normalverbraucher, die statt an letzter an erster Stelle stehen. Manchmal sind Biertische in der Meinungsbildung wichtiger, weil direkter, meinungsbildender und somit entscheidender als abgehobene Konferenzen.

Den Menschen zu entdecken, klingt simpel. Es ist aber angesichts der Machtaustragungen unumgänglich. Damit Machthabern auf die Nerven zu gehen, dürfen die Religionen nicht müde und mutlos werden.

Die Moderne und der Atheismus

Trotz aller Restaurationsversuche des 19. Jahrhunderts darf man seit Feuerbach, Marx und Engels, Freud und Nietzsche sowie bei der scheinbaren wie tatsächlichen Uninteressiertheit gegenüber Fragen der Religion und des Gottesglaubens bei Philosophen des 20. Jahrhunderts feststellen: Religion und der Gottesglaube bewegen nicht das Denken, eher sind es Fragen der Ethik, Gesellschaft und Politik. Für das Denken stellen sich hier die drängenden Fragen des Menschseins.

In der Religion offenbart sich ein mehrgestaltiger Wandel, eine Krise, in der eine dominierende Gottesvorstellung in Kleingruppen einerseits und das von vielfältigen menschlichen Aktivitäten auf allen möglichen Feldern tätige mondäne Leben andererseits kaum noch konkurrieren. Eher verdrängt der Mensch mit all seinem Wissen und Können, was man Glauben nennt. Das Alte ist nicht mehr ganz glaubwürdig, und das Neue ist mit allerlei Erkenntnisunsicherheiten oder Zweifeln behaftet. Dieser Übergang hat ein typisch krisenhaftes Erscheinungsbild. Die Tradition stirbt und die Zukunft ist in einem embryonalen Zustand.

So sind die Menschen froh, einigermaßen heil durchs Leben zu kommen. Statt Glaube, wie Paulus sagt, hat man ein Lebensverständnis, eine Deutung seiner Welt, die einigermaßen positiv ist, und statt einer Hoffnung auf Gott einfach die Zuversicht, mit allem fertig zu werden.

Mit dieser Auffassung von Daseinsdeutung als Zuversicht können sich nach meinem Verständnis viele, vielleicht sogar alle identifizieren, da sie positiv ausgerichtet und somit hilfreich ist. Die Frage ist, sind Daseinsdeutung als hoffender Glaube an oder auf Gott und als Zuversicht dasselbe? Ich meine nicht.

Der paulinische Glaube ist in erster Linie transzendent, als solcher auf das Jenseits ausgerichtet. Er schließt unser ganzes Leben ein und ist aus heutiger Sicht von der Frage nach dem Sinn unseres ganzen Lebens, mit allem, was es beinhaltet, bestimmt.

Daseinsdeutung ist ein moderner Begriff für die Beurteilung unseres Lebens, der einmal in der Perspektive auf Gott, aber auch in anderen Sichtweisen gesehen werden kann. Eine solche absolut gegenteilige ist der Nihilismus.

Zuversicht bezieht sich auf Lebenssituationen, auf Aufgaben in bestimmten Zeiträumen, die in diesen zu erledigen sind. Man hat die Zuversicht, bestimmte Situationen mit ihren Anforderungen meistern zu können. So ist Zuversicht gepaart mit Optimismus. Wie die weiteren Auslegungen zeigen sollen, ist die Unterscheidung zwischen Glauben und Zuversicht keine frei erfundene Wortklauberei, sondern im Verstehen und Deuten heutiger Lebenserfahrungen hilfreich, weil von Verständnis geleitet.

In einer Zeit der Übergänge, in der Wichtiges wie auch Unwichtiges nicht überlebt, ist Verständnis, das vom Verstehen-Wollen geleitet wird, angesagt. Ein kulturpessimistisches Gejammer muss, auch wenn es noch so fromm tönt, schweigen. Nur Verstehen ist hilfreich, da so Orientierung möglich ist.

Nicht wenige unserer Zeitgenossen sind fleißige Bürger, sie arbeiten gewissenhaft und sind auch verträgliche Kollegen.

Für die Nöte im eigenen Land wie für afrikanische Kinder haben sie immer etwas übrig. Und was ihre Angehörigen angeht, so sind sie treu sorgende Ehepartner und Familienväter. Aber mit Religion und Glauben haben sie, wie man so sagt, wenig am Hut. Sie sind nach meiner Erfahrung zwar keine Kirchgänger, aber todsicher auch keine Atheisten, auch wenn die Frage nach Gott weder in ihrem Alltag noch am Sonntag eine Rolle spielt. Alles das scheint sie nicht zu interessieren. Ihr Leben ist bestimmt von Arbeit, Sorge und Pflichterfüllung. Für sonn- und feiertägliche Pausen ist man dankbar, auch wenn man sich keiner großen Sinnfrage an Ostern und Pfingsten stellt.

Von Seiten der Religion ist man gerne geneigt, über diese kurz charakterisierten Menschen in Bezug auf deren grundsätzliche Lebenseinstellung nicht besonders positiv zu reden. Aber über sie positiv zu urteilen, ist man ihnen schuldig. Sie verbringen ihre Tage selbständig und eigenverantwortlich, wobei sie mit ihrer Hilfsbereitschaft und Toleranz all das tun, was auch die von ihrer Religion ehrlich Überzeugten im Alltag tun. Nicht mit dem paulinischen Glauben, aber mit Zuversicht meistern sie ihr Leben, wobei eine selbstverständliche Mitmenschlichkeit zu ihrer Normalität gehört.
In welcher Rubrik würden bei einer Befragung solche Zeitgenossen erscheinen? Am besten würfelt man statt ernsthaft zu antworten, weil das genau unsere kulturell bestimmte Religionslage trifft. Sie ist uneindeutig, "zwischen Abenddämmerung und Morgenröte".
Nochmals gefragt: Wie stehen Zuversicht und Glaube zueinander? Da das Leben mit seiner Vielfalt an Angeboten und Aufgaben den Menschen fast auffrisst, kann der Weg von der Zuversicht zum Glauben nur sporadisch gangbar sein, denn der Glaube bezieht sich auf absolut Jenseitiges, das nicht eine sich zeigende Alltäglichkeit ist. Alles Weitere ist und bleibt Geheimnis.

Der Weg von der Glaubenshoffnung zur Zuversicht zeigt nicht selten eine das Leben vernachlässigende Haltung. Ein gangbarer Weg liegt vielleicht in der Mitte. Denn das Leben ist eben nicht eindeutig. Die Zwei- oder Mehrdeutigkeit gehört zu seiner das stetige Werden jeglichen Lebens begründenden Struktur.

In der Weise ist die Richtung unseres Lebens die Zukunft. Vordergründig, was das "normale" Leben nicht abwertet, ist die Zuversicht eine stetige Hilfe für uns alle. Mit dem Hintergrund haben wir es bewusstseinsmäßig nur hin und wieder zu tun. Ob wir es anders aushalten würden, ist für mich zweifelhaft.

Daseinsdeutung zu versuchen und Zuversicht zu vermitteln, kann in vielfältiger Weise geschehen. Glauben und Hoffnung zu wecken, sind Aufgabe der Religion, der es um das Ganze zu gehen hat, hier des menschlichen Lebens. Die Daseinsdeutung als Zuversicht verortet das Leben in der Zeit zum Wohlergehen. Wann, wie und wo dieser Glaube samt Zuversicht aktuell werden kann, ist grundsätzlich unbestimmt.

Das Leben anzugehen in Zuversicht oder Glauben ist auch abhängig von den Zeitumständen, da schließlich alles zeitbedingt ist. Die Gottvergessenheit unseres anständigen Bürgers ist auch ein Spiegel unserer Kultur. Ihm gegenüber ist hier Toleranz und stete Bereitschaft des Entgegenkommens angesagt. Denn die Verhältnisse, in denen er wie auch wir geworden sind, wie und was wir sind, sind nicht unsere Erfindung.

Nach dem Bedenken der Zeitumstände noch ein anderen Blick auf die Zeit, der unser Erleben bestimmt. Die Wandlungen der Zeit, die gefeiert werden, sind nicht nur ein Blick auf die Gegenwart samt der Vergangenheit, sie sind vor allem ein Ausblick auf die Zukunft. Der Eintritt ins Leben, der Übergang von der Kindheit ins Jugendalter, der

Eintritt ins Berufsleben, der Beginn der ehelichen Gemeinschaft, das Ende der Berufszeit und der Beginn des Alterns, das Ende des Lebens mit der radikalsten Zukunftsfrage, sind die Erlebnisse, die die Zeitlichkeit, gewiss nicht nur, aber betont in Richtung Zukunft vergegenwärtigen.

Auch die Jahreszeiten Frühling, Sommer, Herbst und Winter kennen entsprechende Bräuche. Die Jahreswende (Weihnachten und Neujahr gehören nach meinem Verständnis zusammen) zeigt ein besonderes Erleben der Zeitlichkeit. Anders kann ich den Besucherstrom zur Christvesper nicht verstehen.

Das Oster- und besonders das Pfingstfest, beide gehören eigentlich zusammen, gewinnen ihre Bedeutung von der Zukunftgerichtetheit. Ostern: Jesu Verkündigung musste trotz seines Todes weitergehen. Pfingsten: Der Geist Gottes muss nach Jesu Tod dennoch die Zukunft bestimmen, nicht das, was man als politischen Ungeist ansehen musste.

Neben der Zeitlichkeit gewinnt in überraschender Weise auch der Ort heutzutage an Bedeutung. Ort und Zeit werden, wie wir gleich sehen werden, symbolhaft identisch. Der Pilgerweg nach San Diago de Compostella kann symbolhaft für das Leben als Lebensweg gelten. Ich frage mich, wieso pilgern spontan so viele unserer Zeitgenossen, die nicht als besonders fromm gelten, nach San Diago? Ganz im Innerseelischen, vielleicht im "unbewussten Bewusstsein" fühlt man das Leben wie einen Weg – Pilgerweg – in die offene Zukunft, in der ganz am Ende, wenn auch, wie in einem Nebel, Gott geglaubt wird.

Dieses Bild vom Gehen für das menschliche Dasein dürfte entsprechender sein als das, von dem es heißt, was auch immer geschehen mag, man stürzt oder fällt in Gottes Hand. Die Schwindel erregende Höhe oder Tiefe erweckt nach meinem erinnerten Erleben Schauder. Statt „alles Mögliche kann passieren, wir fallen immer in Gottes Hand" können wir sagen: „Gleichgültig, was uns begegnet, wir sind immer auf dem richtigen Weg"; denn an dessen Ende steht Gott (nach dem Gleichnis vom verlorenen Sohn wartet der sogar). Deshalb: Nicht Fallen, Wandern ist des Müllers Lust.

Auch Bilder sollen um der Sache willen gute Stimmung erzeugen und nicht schauderhaft wirken, um Religionserlebnisse zu vermitteln.

Der Glaube an Gott war für Paulus so selbstverständlich, dass er nicht daran dachte, darüber nachzudenken. Was zu betonen galt, war das Hoffen auf ihn. Für uns heute gesagt: Der Weg zu ihm. Aus heutiger Sicht möchte man sagen, ist es in gewisser Weise umgekehrt. Gott ist fraglich oder unbekannt, der Weg ist zu gehen. Sieht man die Hoffnung gepaart mit der Zuversicht, dann fällt die Hoffnung zwar bisweilen oder oft aus, aber die Zuversicht als Lebensbegleiter bleibt. Ich deute sie als ein Erbe der Religion.

Es scheint eine verbreitete Meinung zu sein, Atheisten fänden mit ihren Büchern und ihrer Propaganda viel Anklang. Vielleicht ist dieser Anklang nur Neugierde, die auch mich bewogen hat, entsprechende Bücher zu kaufen. Ich war enttäuscht. Statt einer schürfenden Argumentation eine simple Kirchenkritik. Die Religion ist ein die ganze Menschheit begleitendes Erbe, nach dessen scheinbarem Verlust man nicht "gottlos glücklich" ist, wie ein Buchtitel heißt.

Wie mehrfach dargelegt, ist Gottes Existenz nicht zu beweisen. Wir können aber vernünftig fragen, wie Gottes Sein zu den Strukturen dieser Welt passt.

Die Naturwirklichkeit ist dynamisch und zielgerichtet. Was sich als das Beste in der Entwicklung durchsetzt, hat erfahrungsgemäß Zukunft. Ziel ist dabei der Fortbestand.

Im Handeln ist die Entwicklung zwar komplizierter, aber auch hier geht es nicht ohne Zielrichtung, die allerdings im Rückblick bisweilen verkorkst und verkehrt erscheint. Man denke nur an die Vorgeschichte des Ersten Weltkrieges, an die Nazizeit, den Kommunismus oder die Nahostlage. Aber um Ziele geht es bei allen Verkehrtheiten trotzdem. Dabei ist es so, dass wir vom Menschen immer ein zielgerichtetes Handeln und Tun erwarten.

Im Naturgeschehen bestimmt die Dialektik der Gegensätzlichkeit die Wirklichkeit, um die Fortdauer zu bewirken. Einige willkürlich gewählte Beispiele: Der Biologie steht gegenüber die Physik, beiden die Chemie, dem Licht die Finsternis, der Statik die Dynamik, der Enge die Weite, der Relativität die Absolutheit. Man kann beginnen, wo man will, die Dialektik als Struktur der sich in Gegensätzen entwickelnden Wirklichkeit ist überall zu finden, denn sie bestimmt nicht einfach Gegensätze, sondern Entwicklungsprozesse.

Am Ende der Immanenz steht die Transzendenz, wobei wir nur über die immanenten Vollzüge, die zur Transzendenz nicht in Widerspruch stehen, Aussagen machen können. Das Transzendente als anziehend zu sehen, ist dann das Letzte, wozu wir fähig sind. So hat auch schon Aristoteles die Bewegung des Göttlichen gesehen, als anziehende Kraft, auf die hin die Bewegung erfolgt und nicht umgekehrt. Die Aufgabe der Religion heute ist es, das in seiner Zeitlichkeit erlebte Leben futuristisch zu begreifen und entsprechend zu gestalten. Das wäre eine Fortführung der aristotelischen Attraktivität.

Unsere Lebenswelt wird heute wie eine allumfassende Wirklichkeit erlebt, worauf wir genügend hingewiesen haben. Der größte Teil der Gesellschaft erlebt die Wirklichkeit der darin eingebundenen Religion als Randerscheinung. Unser Denken und Lebensgefühl ist davon grundlegend bestimmt. So leben wir kulturell in einer

Gottferne oder Gottvergessenheit, die schon im 19. Jahrhundert begonnen hat. Statt zu entsprechenden Denkern von Feuerbach bis Nietzsche nur Gegenpositionen aufzubauen, soll man das hinter diesem Atheismus steckende Weltverständnis, das wissenschaftlich begründbar die Geschehenszusammenhänge in sich begreift, durchdenken. Dasselbe gilt für die Physiker des 20. Jahrhunderts.

Trotz aller erheblichen Unterschiede war das Verhältnis von Natürlichkeit und Übernatürlichkeit z.Zt. des Netorius (381-431) ähnlich. Es ging damals um das Verständnis der jesuanischen Geschichte. Um die Göttlichkeit Jesu zu retten, erfand man die Vorstellung Gottesmutter. So war Jesus Gottes Sohn. Heute redet man von Jesus als unserem Bruder. Welches Jesusverständnis hat sich langfristig durchgesetzt? Die Antwort ist nicht einfach. Es kommt darauf an, von wo aus man fragt.

Das Gottvergessen heute entspricht dem alltäglichen Erleben der Zeit. Zwischen Abenddämmerung und Morgenröte ist Nacht. In dieser befinden wir uns kulturell. Die Nacht ist die Folge des abnehmenden Tages. Die Tradition stirbt langsam. Wie viel von ihr übrig bleibt, wissen wir nicht. Der anbrechende Tag heißt Zukunft. In dieser Richtung geht es weiter.

Man kann die Neuzeit gut von der Zukunftgerichtetheit her verstehen. Als Einleitung wird meist die Reformation genannt. Im 18. Jahrhundert hat man die Staatstheorien, die unser politisches Leben bestimmen, entwickelt. Als im 18. Jahrhundert die Technik begann, stand das Tun unter der Devise des Fortschritts. Der Marxismus des 19. Jahrhunderts hatte als Ziel die Schaffung einer neuen Gesellschaft. Im 19. Jahrhundert entstanden die Kleinkirchen mit ihrer zwar illusorischen, aber auf das Kommende ausgerichteten Jesuserwartung. Um die sechziger Jahre bewegte die Utopie die Gemüter, und heute redet man zwar in anderen

Zusammenhängen von der Nachhaltigkeit. Die "Konziliare Bewegung", die den Physiker und Philosophen C.F.v.Weizsäcker als Initiator hat, soll später noch bedacht werden. Sie ist ein weiterer Hinweis des heutigen Denkens in die Zukunft.

Liebe als Mitmenschlichkeit

Die dritte existenzbestimmende Forderung nach Glaube und Hoffnung ist gemäß Paulus die Liebe, die in ihrer Bedeutung über den erstgenannten Existenzbestimmungen steht oder zu stehen hat. Sie ist das krasse Gegenteil zur neuzeitlichen Deutung der Frühzeit als Kampf aller gegen alle (lateinisch: homo homini lupus – der Mensch ist des Menschen Wolf). Denn nur so sei das Überleben des Stärksten möglich gewesen. Es ist fast eine Glaubenssache, ob Solidarität oder Kampf aller gegen alle das Überleben ermöglichte, denn niemand war dabei. Ich neige zu der Auffassung der Solidarität als primärer Ursache, da das Überleben in gegenseitiger Hilfe immer lebensdienlicher ist als der Kampf, d.h. sich mit Gewalt durchzusetzen. Der Kampf spielt meist nur eine sekundäre Rolle, und zwar dem Fremden gegenüber.

Unter den Bedingungen des helfenden Miteinander haben sich in der agrarischen Kulturepoche die weiteren Vorstellungen des Zusammenlebens, die Liebe von Mann und Frau, das Verhältnis von Vater und Sohn, der ja der Stammhalter war und deshalb bevorzugt wurde, der Eltern zu den Kindern, das Stammesbewusstsein, auch die Gastfreundschaft entwickelt. Auch die Idee, Jahwe erwählt Israel und schließt mit ihm einen Bund, gehört in diese Linie. Die biblische Religionsgeschichte, zu der auch das Christentum gehört, ist von diesem solidarischen Mit- wie leider auch Gegeneinander geprägt. Wichtig ist für uns heute das Miteinander bis zur Feindesliebe. Realistisch heißt das, Entfeindung der Welt, und zwar in allen möglichen

Formen der Gegensätzlichkeit. Deshalb ist der Gedanke der Liebe, sei es als Liebe Gottes zu den Menschen oder als Liebe der Menschen zu Gott, wie eine Offenbarung am Horizont. Diese wird in den biblischen Schriften und von Religionsdenkern nach und nach immer intensiver entwickelt.

So fordert Jesus die Feindesliebe. Und der Glaube kann somit sagen, Gott ist die Liebe, und wer in der Liebe bleibt, der bleibt in Gott und Gott in ihm. Der Beweis dafür ist das von Jesus bestätigte Zitat bei Lukas 10,27, das eine Wiederholung von 5 Mose 6,5 und 3 Mose 19,18 ist. Dort heißt es: "Du sollst den Herrn, deinen Gott, lieben von ganzem Herzen, von ganzer Seele, von allen Kräften und von ganzem Gemüt, und deinen Nächsten wie dich selbst".

Diesem Gedankengang des Friedens und der Liebe steht gegenüber das schreckliche Kreuzesgeschehen, von Juden und Heiden, interpretiert als Torheit und Ärgernis, von Paulus unter anderem als Erlösung durch das Blut Jesu. Das war möglich, da Paulus von seiner Herkunft als römischer Bürger und hellenistischer Intellektueller die damaligen Mysterienreligionen kannte. Sie praktizierten Erlösung durch Opferblut. Dem Unfassbaren der Kreuzigung Jesu konnte durch dieses Opferverständnis ein Sinn gegeben werden. So konnte sich durch diese Opferdeutung ein Erlösungsglaube durchsetzen, der viele Jahrhunderte dauerte. Menschen mit einem schweren Los vermochten sich sogar mit dem Kreuz zu identifizieren, um so Trost zu finden. In der Aufklärung und vor allem in der Moderne wurde diese Glaubenseinstellung zweifelhaft.

Andere Anhänger Jesu suchten diese Leere oder das Loch nach dem unfassbaren Tod Jesu so zu überwinden, indem sie das von Jesus Begonnene weiterführten. Die beiden Bergpredigten bei Lukas und Matthäus, die Gleichnisse, die das Zusammenleben thematisieren, die Ermahnungen zur Hilfsbereitschaft gegenüber den Geringen. Die

Hirtenerzählungen von der Geburt Jesu betreffen sozial Deklassierte wie auch Jesu Essen mit den Tausenden; zu denken ist auch an die Fußwaschung. All das sind Zeugnisse jesuanischer Menscheneinstellung. So darf man als sicher behaupten: Die Menschlichkeit und nichts anderes scheint im Vordergrund der Entwicklung der biblischen Religionsgeschichte wie auch der Tätigkeit Jesu zu stehen. In diesem Sinn sollte es auch nach den enttäuschenden Ereignissen der Kreuzeshinrichtung weitergehen.

Weshalb diese kurze Darlegung der zwei Nachfolgerichtungen Jesu? Ich meine, der durch das Kreuz vermittelte Erlösungsglaube beinhaltet kein Zukünftiges Gottesbild, da dieses fast rachsüchtige Züge trägt, wenn man an die Ausführungen des Anselm von Canterbury denkt. Nach ihm war die Schuld der Erbsünde so groß, dass sie nur vom Sohn Gottes getilgt werden konnte.

Wir müssen heute mit unseren tradierten Vorstellungen an die Zukunft denken. Deshalb muss die Religion auf der ganzen Linie, auch besonders in ihrem Denken, humaner werden. Man darf biblisch begründet sagen, das Humane fängt schon bei Gott an.

Wenn die Bibel von Mitmenschlichkeit spricht und dabei an Hilfeleistung bei Verwundungen, Fürsorge in Not, Brot für Hungernde, Bekleidung für Unangezogene denkt, dann geht es nicht um fromme Bräuche, sondern um Notsituationen, in denen Menschen sich befinden. Man könnte auch von Heruntergekommenen, nicht Gesindel, reden. Nach dem Krieg sahen auch bei uns nicht wenige aus Mangel am Nötigsten heruntergekommen aus.

Jetzt soll ein etwas ungewohnter Vergleich, der sich auf das Menschliche bezieht, folgen. Wir reden vom Arbeitsmarkt wie vom Kartoffelmarkt, von Arbeitskräften wie von PS (Pferdestärke). Das menschlich Persönliche fungiert als Sache. Selbstverständlich muss man bei einer Einstellung und einer Gehaltsabrechnung kalkulieren, aber man darf nie vergessen, man hat es dabei mit Menschen zu tun. Die oberste Heeresführung spricht bei einem Kampfeinsatz von Streitkräften; diese werden aus Menschen und nicht aus Energiequantitäten gebildet; die Sprache verrät dabei unser Denken und unsere Einstellung. Von der Religion her haben das Denken und die Sprache human zu sein. Eine Mahnung ist angesagt. Wer diese Sprachkritik als nichtig ansieht, liefert einen zusätzlichen Beweis für den heute beklagten Sprachniedergang, der auch das Humane betrifft.

Das von Paulus dargelegte Religionsverständnis hat im Blickpunkt den Einzelmenschen. Zwar ist in dem Zusammenhang die Gemeinde von Korinth angesprochen, aber die Schlussaussagen von Glaube/Daseinsdeutung, Hoffnung/Zuversicht und Liebe/Mitmenschlichkeit hatten damals und haben auch heute allgemeine Bedeutung. Eine kontroverse Auseinandersetzung über diese Dreiheit, ob gläubig, glaubensunsicher oder atheistisch, ist nicht nur interessant, auch zukunftsweisend.

C Die Religion als kollektive Institution

Die Krise der Welt

Die Menschheit befindet sich heute in einer Krise, deren katastrophaler Höhepunkt wahrscheinlich noch vor uns liegt. Die Krise ist sichtbar in drei Themenbereichen Gerechtigkeit, Friede, Natur. In Bezug auf die drei Bereiche sind eine Einigung der Christen und eine Übereinstimmung der Weltreligionen möglich und geboten.
So C.F.v.Weizsäcker in Auszügen auf dem Klappentext seines 1986 erschienen Buches "Die Zeit drängt".

Dass die Religion, vertreten durch die verschiedenen

Gemeinschaften, diese Themen aufgreift und zum Gegenstand ihres Verkündigungsauftrags macht, ist eine Selbstverständlichkeit, die nur noch von absoluten Hinterwäldlern, sprich Weltlern, oder religionspolitisch Desorientierten bestritten wird. Der gewaltpolitisch agierende Islam ist dabei nur zu einem weltweit zu hörenden Untergangsgeschrei fähig, wobei er glaubt, dieser sei ein Siegesjubel. Die Zeiten sind wohl verschieden, aber die Menschen bleiben sehr ähnlich. In der Zeit des nationalsozialistischen Niedergangs habe ich Ähnliches, was ich nicht vergessen kann, auf der Straße erlebt. Und das waren keine Kinder oder Jugendliche.

Die Ausführung der Thematik Gerechtigkeit, Friede, Natur setzt voraus die Trennung von Staat und Religion. Weiterhin werden vorausgesetzt die erläuterten Grundvoraussetzungen Gleichheit, Offenheit, Dialogfähig und Denken in Geschichtlichkeit. Sie müssen ebenfalls, wenn es auch wegen gesellschaftlicher und politischer Gegebenheiten problematisch ist, als geltend angenommen werden.

Leider müssen wir davon ausgehen, dass in allen Religionen wie auch in allen Ländern starke mit der Tradition verwachsene Kräfte als Gegner der Zukunft zu massiver Gegenwehr bei der Lösung der Aufgaben Gerechtigkeit, Friede, Natur bereit sind.

Da die Gerechtigkeit in der Sozialverfassung fundamental ist, wählen wir diese als Ausgangspunkt.

Die Gerechtigkeit

Der Ausgangspunkt der Gerechtigkeit ist in Bezug auf den Menschen die Gleichheit. In der bloß animalischen Natur spielt dieses Gleichsein keine Rolle. Hunde, Tiger, Katzen, Löwen sind Tiere, bei denen sich der Stärkere durchsetzt. Alles Weitere sind biologisch interessante Feststellungen und Einteilungen. Auch die Sachgerechtigkeit mit den verschiedenen Begriffsinhalten ist nicht von Interesse, wenn auch hier die Gleichheit maßgeblich ist.

Das Gleichsein im Menschlichen bleibt bei allem, was sich unterschiedlich im Sozialen, im Beruflichen und in der Intelligenz herausgebildet hat, als eine Grundgegebenheit erhalten. Sie unterscheidet den Menschen von allem rein Animalischen. Geistige Gleichheit, freie Offenheit, Dialogfähigkeit und reflektierende Wirklichkeitserfahrung sind das typisch Menschliche. Was die Begriffe beinhalten, darüber wurde und wird viel gestritten. Aber jeder der Streitenden meint etwas menschlich Besonderes, worauf man sich dann beruft, wenn dieses nicht mehr gewährleistet ist.

Als Beispiel zeigt die Neuzeit, wie das Bürgertum Englands am Ende des 17. Jahrhunderts politisch und kulturell erwacht und Amerika im Kampf mit England seine Eigenständigkeit erringt. Frankreich veränderte die politischen Verhältnisse 1789 in der Revolution. Allen ging es um die F r e i h e i t.

Nach der Industrialisierung ging es den Revolutionären Marx und Engels und anschließend den Sozialisten um die G e r e c h t i g k e i t, was weiterhin für alle Sozialbewegungen das Leitmotiv geblieben ist. Ohne die Gerechtigkeit ist vor allem die Entstehung der politischen Geschichte von Weimar und die Verfassungsänderung von damals nicht zu verstehen. Gerechtigkeit war auch zu Beginn des Wahlkampfes 2017 noch eine einsichtige Zielvorstellung der SPD.

Gerechtigkeit hat als Voraussetzung die Gleichheit. Durch die Freiheit werden, da die Menschen verschiedene Ziele verwirklichen, Ungleichheiten geschaffen. Diese können aber nur durch die berechtige Berufung auf die Gleichheit aller ins Lot gebracht werden. Die Folge ist eine feststellbare Geschichte wie auch Gegenwart von Gerechtigkeit und

Freiheit. Wem das zu doktrinär ist, muss zur Kenntnis nehmen, eine vergleichbare Analyse historischer Zusammenhänge ist ähnlich doktrinär.

Das Problem der Gerechtigkeit zeigt sich uns, wie jeder weiß, nicht nur, aber vor allem in dem Gegensatz von arm und reich. Beide repräsentiert in Kapitalismus und Sozialismus. Weder die Freiheit des Marktes (Kapitalismus) noch die Gerechtigkeitsvorstellung der Armen (Sozialismus), die beide (soziale Marktwirtschaft ist eine Synthese, die das Auseinanderdriften von reich und arm auch nicht verhindern konnte) im Prinzip national wie international und heute global die Wirtschaft und Politik zu bestimmen suchen, konnten eine gerechte, die Armut wirksam aufhebende Wirtschaftsordnung schaffen. Die Freiheit des Marktes muss man deshalb nicht schlecht reden. Er war die Ursache des wirtschaftlichen Erfolges der nördlichen Länder, von dessen Erfolg auch der Süden mehr als etwas abbekam, sonst wäre es den Menschen dort noch schlechter gegangen und Europa würde nicht als Zuflucht erscheinen.

Die sozialistisch ausgerichtete Sozialpolitik des Ostens wollte sowohl industriell wie in der Armutsbeseitigung den Westen überholen. Die Geschichte hat bereits die Antwort gegeben.

Es ist nicht Aufgabe einer religionshistorisch und philosophisch ausgerichteten Betrachtung der heutigen Situation der Gerechtigkeit, konkret gezielte Verbesserungsvorschläge zu machen. Kapitalistische wie sozialistische Doktrinen des Westens wie Ostens haben bei aller Überzeugungskraft ihrer Pläne das nicht geschafft. Am Marktgeschehen wie an der Gesellschaftspolitik sind, wenn eine Gesellschaft lebendig und funktionsfähig bleiben will, viele beteiligt. Die Religion ist ein Faktor unter anderen, der die Menschlichkeit in die Diskussion einzubringen hat. Wo viele beteiligt sind und der Faktor Mensch eine entscheidende Rolle spielt, wird es zwar auch Missstände und Fehlentwicklungen geben, doch hier sollen dann die Religionen das Menschliche einbringen und an "Randstände" denken. Dort sind Alte und Kinder, die oft keine Vertretung haben.

Die Gerechtigkeit, die als humanitäre Grundlage die Gleichheit hat, endet, wenn die Gleichheit durch anspruchsvolle Ungleichheiten gestört wird, in Unfrieden.

Gerechtigkeit ist die Voraussetzung für Frieden. Die Gleichheit ist die Basis dieser Gerechtigkeit. Deshalb ist die Gleichheit auch das sich Durchhaltende in der Sozialgeschichte, ob klar bewusst oder mehr oder weniger intuitiv gefühlt. Wird die Gleichheit verletzt, dann kann es zu Umsturzversuchen kommen, um Folgerungen der Gleichheit wie Freiheit, Gerechtigkeit, Meinungsfreiheit, Menschlichkeit und Lebensnotwendigkeiten durchzusetzen. So ist die Gleichheit, ob klar erkannt und gefordert oder nicht, das sich bei aller geschichtlichen Veränderung sich Durchhaltende, weil sozial bestimmend. Da die Geschichte sich immer ändert, bleibt auch sozialgeschichtlich gesehen die Gerechtigkeit eine Frage oder ein Problem. Der Wunsch, die Aufgabe Gerechtigkeit ein für alle Mal grundsätzlich zu lösen, ist eine Illusion. So sagt auch die Bibel: "Selig, die hungern und dürste nach Gerechtigkeit"... und nicht die, die sie haben.

So ist die Gleichheit eine gegenwärtige wie zukünftige Aufgabe. Und die Religion ist wegen ihrer unbedingten Zukunftsorientierung besonders gefragt.

Die Gerechtigkeit ist als Erkenntnis abstrakt, da sie die Faktizität, das bereits Geschehene, bedenkt. Aber in der gegenwärtigen Wirklichkeit wird sie konkret und weist auf Zukunft hin. Gerechtigkeit in der Zukunft wird heute konkret durch Bildungsförderung ermöglicht. Gut ausgebildete Menschen können sich an zukünftige Arbeitsmöglichkeiten besser anpassen als unausgebildete.

So wird Gerechtigkeit der Zukunft in der Gegenwart begründet. Zwar ganz anders, aber dennoch ähnlich, ist es auch mit dem Frieden, der dann wirklich wird, wenn bei Verhandlungen ein Ausblick auf die Zukunft stattfindet. Der Versailler Vertrag von 1919 war meiner Einschätzung nach in späterer Zeit eine Mahnung. Einen Kommentar über politische Beschränktheit will ich mir ersparen, obwohl er sich auf das Folgende bezieht und auch zur Religion gehört.

Der Friede

Das 16. Jahrhundert erinnert an den Schmalkaldischen Krieg und an die Türkenkriege, das 17. an den Dreißigjährigen Krieg, das 18. an die Preußenkriege Friedrichs II. Um die Jahrhundertwende war Napoleon im Machtrausch der Kriegsheld. Später kam es zur kriegerischen Auseinandersetzung zwischen Bismarck und den Franzosen. Das 20. Jahrhundert erlebte die unbeschreiblich grausamen und absolut sinnlosen Weltkriege, die in der Folgezeit ein Mahnmal blieben.

In Anbetracht dieser allgemein bekannten Erinnerung an einige der Kriege, die in jedem Jahrhundert der Neuzeit stattfanden, ist man fast geneigt zu sagen, Kriege sind etwas völlig Normales.

Da wir aber unter Kriegen zu leiden haben, da sie die zivilisatorischen Errungenschaften zerstören, und da die Folgen im Humanen in keiner Weise zu rechtfertigen sind, lehnen wir Kriege ab. Wir wissen nur nicht, wie wir sie abschaffen sollen.

Die einfachste Lösung wäre, einfach die Waffen abzuschaffen. Aber das ist eine wirklichkeitsferne Träumerei. Wenn es um die politische Macht geht, und darum geht es meist in unserer Frage, ist zunächst nur die Politik zuständig. denn auf Beschluss und im Auftrag einer Regierung werden Waffen produziert, sei es um mögliche Angreifer, wenn nicht zu bekämpfen, dann doch wenigstens abzuschrecken oder im Zaum zu halten. Ohne Waffen, so glaubt man, kann auch keine Regierung oder ein Machthaber am Ruder bleiben. Hier dient die Waffenstärke dem notwendigen Machterhalt.

Politik, Macht, Gewalt und Waffen bilden in einem Staatswesen, das innen- wie außenpolitisch funktionieren soll, eine Einheit. Auf diese Weise kann, so ist die nicht zu widerlegende Überzeugung, ein geordnetes Staatswesen zum Wohl aller bestehen.

Nicht zu bestreiten ist, dass auf diese Weise, wenn auch nicht nur, in der Mitte Europas seit Jahrzehnten Frieden herrscht. Nicht zu überhören sind allerdings auch die Stimmen, die vor einem möglichen Krieg, der vielleicht sogar mit Atomwaffen ausgetragen wird, warnen. Das bedeutet, dass der Friede noch längst nicht so selbstverständlich ist, wie man bisher glaubte. Immerhin gab es vor nicht allzu langer Zeit den Balkankrieg, den Irakkrieg, und in Syrien scheint so schnell kein Waffenstillstand einzukehren. Die Ostukraine ist keine friedliche Zone und der Gazastreifen gleicht eher Verdun als einem Wohngebiet.

Das massive aufeinander Einreden von den USA und Nordkorea offenbart nicht gerade eine Friedensgesinnung. Einer Begegnung zu einem Arbeitsessen kann erst nach Erfolgen auf dem Weg zum Ausgleich Lob gespendet werden.

Konfliktherde, die in Bezug auf Krieg und Frieden besorgniserregend sind, wären noch mehrere zu nennen. Die genannten mögen zur Verdeutlichung des Problems genügen.

Da es in der Geschichte genug Religionskriege, auch christliche Kreuzzüge mit äußerst blutigen Massakern im ersten Kreuzzug, man denke an Jerusalem, gab, und da seit Mohammed Gewalt und Krieg den Islam kennzeichnen, kommt der IS nicht von ungefähr. So kann ich auch nicht einfach die Aufgabe der Kriegsbeseitigung und Friedenssicherung den Religionen unbesehen zudiktieren. Nur, es gibt keine Institution außerhalb der Religion, die diese Aufgabe übernehmen könnte.

Hier ist aber nicht einfach die Religion, sondern die Philosophie der Religion gefragt. Wieso?

Weil die Philosophie sich nicht mit einer Sache identifiziert. Sie betrachtet das Objekt aus einer Distanz, gleichsam von außen. Der Religionsdialog, gleichgültig ob intra- oder interreligiös, d.h. innerhalb einer Religion oder zwischen diesen, ist einseitig auf die je eigene, zu verteidigende Meinung konzentriert, man kann auch sagen, in sich verfangen. Im Gespräch wird die eigen Position, die immer die bessere ist, verteidigt.

Die philosophische Erörterung, um die es geht, erfolgt von außen, in Distanz. Dass man sich im interreligiösen Dialog wehrt, ist verständlich, denn es geht um das Eingemachte, das man unbedingt bewahren möchte.

Dass die Philosophie der Religion so etwas sein soll wie ein Rettungsanker, mag überraschen. Die Überraschung ist bedingt durch unser Bildungssystem, in dem entgegen der deutschen philosophischen Tradition die Philosophie keine große oder überhaupt kein Rolle spielt. In den Wissenschaften ist über die Bedeutung und Zielvorstellungen zu reflektieren. Und das vor allem auch schon in den Gymnasien. Auch die Religion ist in diesem Zusammenhang Objekt der Reflexion, wodurch deren Bedeutung klar wird. Und von hier aus ist dann auch ein Weg zu finden, auf dem die Religionen die dringend zu erledigenden Aufgabe erfüllen können.

Hier geht es um das Prinzip, die Theorie. Wie das, was hier abstrakt gesagt wird, in der Praxis auszuführen ist, ist Sache der Organisatoren. Aber zunächst ist theoretisch ein Weg aufzuzeigen.

Im philosophischen Dialog geht es auch nicht einfach um gegenseitige Meinungsbildung von außen. Da in der Philosophie das Fragen in jeder Richtung normal ist, entsteht auch zwangsläufig die meist unangenehme Frage, was das Ganze soll. Es geht dann um das Warum, um ein Z i e l. Und dieses Ziel, das alle Gesprächsteilnehmer im Blick haben, stellt die Frage nach dem Beitrag zur Friedensverwirklichung. Wer keinen Beitrag liefert, taugt nichts. Jeder Gesprächsteilnehmer ist so viel wert, wie er Lösungsvorschläge liefert. Als Erstes sind unvoreingenommene Gespräche kompetenter Fachleute nötig, die absolut frei sein müssen. So erfolgt ein unumgänglicher Einstieg. Gespräche auf hoher Ebene sollen zum Vorbild werden für alle folgenden Ebenen.

Auf diese Weise wird eine Friedensmentalität geschaffen, die zu humaner Selbstverständlichkeit innerhalb wie zwischen den Religionen führt. Ein solcher Prozess ist gewiss langwierig, aber dann auch nachhaltig. Und gerade das ist wichtig.

Dieser philosophisch begründete und initiierte Dialog im Hinblick auf Frieden macht die Religion lebensnah und zu einem ernst zu nehmenden Faktor unserer Gesellschaft. Ich weiß nicht, welche Institution sonst diese Aufgabe übernehmen könnte, außer der Religion, allerdings philosophisch argumentierend. Das ist nichts Besonderes, sondern nach der Aufklärung normal. Das miteinander Leben findet so eine bergende und Sinn verleihende Form, was zu innerem Frieden führt. Als Abschluss darf nicht unerwähnt bleiben die Erfahrung, dass vor allem die Sprache, die die Basis des Ganzen ist, Menschen verbindet.

Die Zukunft der Menschheit wird ihre Grundlage und Gestalt gewinnen in der Technik. Dass die Maßstäbe zum Teil andere sein müssen als im agrarischen Zeitalter, dürfte einleuchtend sein. Aber eins ist unabdingbar

lebensnotwendig:
Die Zukunft ist friedlich zu gestalten.

Die Natur

Bevor die ethischen Fragen in Bezug auf die Natur zu erörtern sind, soll zunächst schematisch unser Naturverhältnis, das sich auf die Geschichte zu besinnen hat, verdeutlicht werden.

Von der Entstehungsgeschichte her gesehen ist der Mensch ein Teil dessen gewesen, was als Natur bezeichnet wird. Auf der Stufe der Jäger und Sammler ist dies deutlich, da der Mensch ähnlich wie die übrigen Lebewesen einfach von dem lebte, was die sogenannte Natur an Pflanzlichem und tierischer Nahrung geboten hat.

In der weiteren Entwicklung hat der Mensch Agrarisches als Nahrung selbst produziert und Tiere zur Ernährung gezüchtet. In der Spätzeit dieser Kulturstufe hat man durch Abholzungen in Griechenland, Oberitalien, Spanien und Portugal bis auf den heutigen Tag sichtbare Umweltschäden geschaffen. Auf der anderen Seite hat man auch verstanden, die Eigengesetzlichkeit der Natur zu wahren. Zu denken ist hier an die mittelalterliche Dreifelderwirtschaft, bei der ein Teil Ackerland als Brache zur Regeneration unbebaut blieb, während zwei Drittel als bebautes Ackerland Mensch und Tier dienten.

Der Eingriff der Neuzeit und Moderne in den Naturablauf ist fundamental. Physik, Chemie und Biologie als grundlegende Wissenschaftszweige leiten eine neue Wissenschaft- und Kulturepoche ein. Ihre Experimente entdecken neue Elemente, die für Wissenschaft und Technik maßgeblich und Zukunft bestimmend sind. Deren Auswirkungen zeigen sich heute in den Elementen des Bodens, des Wassers und der Luft, und das sowohl positiv – wir leben besser – wie auch negativ. Die Belastungen sind nicht wegzudiskutieren. Auf den durch Technik geschaffenen Wohlstand will niemand verständlicher Weise verzichten. Aber können wir so weitermachen wie bisher? Hier scheiden sich die Geister.

Wie es für die Gerechtigkeit kein für alle Zeiten gültiges Konzept gibt, so auch keine gesetzliche Direktive zur Behebung der Umweltproblematik für alle Zeiten. Unsere Zeit ist gekennzeichnet durch Erfindungen und durch das Entstehen immer anderer Neuheiten, die uns die Industrie als lebensverbessernd anbietet. Eine breite Schilderung dieser Industrieprodukte mit anschließender ethischer Beurteilung führt wegen der Fülle zu keinem Ergebnis. Praktische Anweisungen entziehen sich meiner Kompetenz. Deshalb nur einige grundsätzliche Überlegungen, die ich auch als Ausgangspunkt für Fragen unseres Naturverhältnisses ansehe.

Einem kann niemand widersprechen, nämlich: Natur in Wald und Feld oft erleben und nachdenken über die Natur, zu der auch wir gehören, und die uns einmal zum Teil entlassen hat. So wenig wie der Mensch eine Ware ist, so wenig ist es die Mutter Natur. Mutter Natur, eine Sprache, die nicht poetisch sein will, sondern nur zum Nachdenken anregen, denn die Vorstellung ist von der Entstehung des Menschen her treffend. Die weitere Entwicklung, die zwar auch noch von der Natur eigengesetzlich gesteuert wurde, hat der Mensch mitgestaltet. So kam es zu zahlreichen, von Menschen erfundenen Neuheiten, die dem Leben immer wieder neu Formen gaben.

Eins lehrt uns die Vergangenheit als gewiss: Es gibt immer neue Situationen, und die brauchen neue Lösungen. Deshalb ist in Bezug zur Natur oder Umwelt, die uns immer vor neue Aufgaben stellen wird, die Verantwortung des Einzelnen zu betonen. Das Individuum ist gefragt, denn eine allgemein zu befolgende oder bereits befolgte Umweltethik gibt es nicht. So ist der Einzelne mit seinem Verantwortungsbewusstsein gefragt. Er soll sich an der

Entwicklung ethischer Maßstäbe beteiligen.

Ich habe den Eindruck, bisweilen benehmen wir uns so, als würde die Welt uns gegenwärtig Lebenden allein gehören. Das sagen und denken wir zwar nicht, es wäre auch dumm. Aber beim Handeln und Tun sieht es anders aus. Die Frage der Folgen in der Produktion, in den Anschaffungen, in den Reisen, im Verbrauch ganz allgemein spielt kaum eine Rolle. Weder die schmelzenden und mit Plastik belasteten Pole oder die verschwindenden Gletscher bewegen die Gemüter. Was wir im Alltag benutzen, hat je nachdem auch negative Folgen für die Umwelt späterer Zeiten und Generationen. Es klingt hart, aber es soll gesagt werden: Gleichgültigkeit ist Egoismus gegenüber den Menschen der Zukunft. Wenn man beim Einkauf denkt, kann man auf gewisse Plastiktüten verzichten.

Auch wenn ich mir hier in der Betonung der ethischen Verantwortung des Individuums und der zu schaffenden Allgemeingültigkeit widerspreche, so möchte ich für unsere Zeit, die so unfertig ist und noch erst zu einer Zeit entsprechenden Ethik finden muss, diese Aufgabe dem Individuum zuteilen, denn da hat jede Ethik ihren Ursprung, da der Einzelne handelt. Und von vielen Einzelnen geht dann ein Naturbewusstsein aus, das eine Mentalität schafft, die die Zukunft prägt.

Das Individuelle und das Allgemeine gehören in der Ethik zusammen. Ich hoffe, wir sind auf dem Weg dahin.

Die paulinische Liebe/Mitmenschlichkeit und die Natur Weizsäckers nehme ich als Anlass zu zeigen, dass das Individuelle und Allgemeine der Religion sich nicht nur berühren, sie gehören zusammen. Das wird deutlich gerade in den Zukunftsfragen, die in der Analyse wie in den Ergebnissen fast nur das nötige Problembewusstsein schaffen können. Methodisch ist es klug, sie zunächst für sich zu bedenken, um sie dann zusammenzuführen. Eine solche Überlegung wäre auch mit den anderen Begriffen von Paulus und Weizsäcker möglich.

Schlussfolgerung

Zwischen Abenddämmerung und Morgenröte ist die Nacht. Man kann erwarten, dass dann der Tag kommt und nicht die vergangenen Stunden des Abends wiederkehren. So wie alles, was lebt, in der Nacht sich erholt, man kann auch sagen, sich vorbereitet auf den kommenden Tag, Kraft schöpft für das, was dann zu tun ist, so hat auch in der jetzigen Zeit die Religion die Gelegenheit zu ergreifen, sich zu besinnen auf die Zukunft, die uns, durch den Kulturwandel bedingt, vor neue, bisher nicht bekannte Herausforderungen stellt. Kurz gesagt, die Nacht ist die Kraftquelle für den kommenden Tag.

Der von Paulus genannte Leitfaden für die persönliche Religion und die von Weizsäcker für religiöse Gemeinschaften genannten Aufgaben sind Versuche, anknüpfend an die Tradition, die generelle Richtung der Überlegungen für die Zukunft aufzuzeigen.

Was das Persönliche und Kollektive der Religion angeht, sei aus der neuzeitlichen Vergangenheit folgendes angemerkt. Im 19. und 20. Jahrhundert hat der Begriff der Nation das politische Geschehen entscheidend beeinflusst. Innenpolitisch hat er die Entwicklung der Demokratie gefördert, aber außenpolitisch ein aggressives Machtstreben hervorgebracht. Nach verschiedenen Kriegen war darum die Gebietserweiterung auf Kosten der anderen Länder eine Selbstverständlichkeit.

Der Begriff der Nation bringt gegenwärtig in Europa keine Gebietserweiterung, aber er zeigt eine Art von nationalpolitischem Egoismus, der sich in seiner Abwehrhaltung allem Fremden gegenüber nicht auf dem Weg der Verständigung und des Friedens befindet.

Wie die Zukunft aussieht, weiß niemand. Das wusste man in früheren Zeiten auch nicht. Auch die Einwanderungsländer in Deutschland gelten als toleranter und freundlicher als die "fremdenskeptischen", um es harmlos zu sagen.

Vor welchen Schwierigkeiten, Aufgaben und Problemen wir zukünftig stehen werden, weiß aus den bisher gemachten Erfahrungen niemand. Der Mensch hat Vernunft, ist offen und frei. Das ist eine bessere Ausgangsbasis für die Lösung von Zukunftsschwierigkeiten als alle Prognosen und Anweisungen oder gar noch Rezepte.
Deshalb verfügt er, mag kommen, was will, über eine Verständigungsbasis, den Dialog. Von Mensch zu Mensch schafft der Dialog Sympathie. Man ist nie alleine, vor allem, wenn es schwer oder aussichtslos wird. Dialog zwischen Gruppen erweitert den Horizont; zwischen Ländern schafft er kulturelle Offenheit. Zwischen Nationen ist in schwierigen Zeiten ein miteinander Auskommen verhandelbar. Dieses individuelle wie kollektive Dialogverständnis findet leider nur Anklang bei nicht kurzsichtig Denkenden.

Die am Anfang beschriebene Voraussetzung und die nun gegen Ende gezogene Schlussfolgerung der Religion werden so identisch, was eigentlich gegen die Logik verstößt. Als Lösung sei gesagt, die Lebenswirklichkeit ist vielfach keine logisch oder mathematisch zu nehmende Sache. Ihr "Gesetz" ist die Dynamik und nicht die Statik wie bei der Logik und Mathematik.

Die Behauptung am Anfang der Arbeit, der Mensch braucht Religion wie das tägliche Brot, ist falsch. Richtiger ist festzustellen, nicht er braucht Religion, er hat sie schon immer. Nur der Kampf mit den Unzeitgemäßen, den ewig Gestrigen, lässt an eine Religion denken, die keine ist. Religion ist dann die Ideologie der Konservativen, wobei man nicht vergessen darf, das Gegenteil von Leben ist der Tod. Dann gibt es fromme Totengräber.

Die grundsätzliche Einstellung zum Leben, die sich nicht beweisen lässt, die sich aber im Er-Leben bewährt, ist Religion.

Ausklang

Es geht um Überlegungen zur Religion heute. Dazu ist nötig Offenheit für Neues; auch ungewohnte Überlegungen gehören dazu. Der Dialog mag mühsam sein; er ist aber aus unsren Erkenntnisprozessen nicht mehr wegzudenken und daher erkenntnisnotwendig.

Heute sind nicht nur die Lebensverhältnisse vielgestaltig, auch das Denken. In dem gegenwärtigen kulturellen Zustand ist die wohl in die Zukunft weisende Uneindeutigkeit verständlich und ernsthaft zu bedenken.

Auch wenn der Buchtitel "gottlos glücklich" sehr modern klingt, sage ich aus philosophischer Einsicht, das Wichtigste im Leben ist die Religion.

Es gilt als gegen die Konvention, sich über Politik und Religion zu unterhalten und sogar noch Fragen zu stellen. Politik betrifft vor allem das soziale Leben und die Religion unsere Gesinnung. Beide gehören aber, weil sie unser Denken offenbaren, auch zum Interessantesten. Wenn die Politik kein Gegenstand unserer Auseinandersetzung ist, dann weiß ich nicht, wie man Demokratie als sozialpolitische Wirklichkeit begründen will. Und Religion eröffnet gerade wegen unseres verschiedenen Denkens eine Horizonterweiterung. Das Gegenteil ist Einspurigkeit und Enge, am Ende das langsame Sterben oder der geistige Tod der Religion. Der Dialog, der nicht reglementiert werden darf, macht Religion anziehend und lebensnah und wie die Morgenröte vielversprechend hoffnungsfroh.

Not-wendende Überlegungen

die mich und Interessierte betreffen

Der Dialog als soziale Form des Menschseins

Die Aufklärung hat die Vorstellung und den Begriff des Fortschritts hervorgebracht. Alles sollte besser werden, vor allem die Bildung. Die in der Folge sich allmählich durchsetzende Schulbildung steht in dieser Tradition. Bildung sollte von klein auf die ganze Gesellschaft prägen. Auf diesem Weg kommt es auch zum mündigen Bürger, d.h. zur Demokratie, die die Ständische Gesellschaft ablöst. Man sagt, die Demokratie sei heute in einer Krise. Krise heißt, kurz gesagt, Veränderung - Was soll sich da verändern, und in welche Richtung? Oligarchen ist Aufklärung fremd, und von der Meinungsfreiheit, die eine Folge der Aufklärung ist, wollen sie nichts wissen. Also machen sie, was sie wollen, und sind gegenüber Kritik taub.

In langfristiger Perspektive gedacht muss die Bildung ähnlich der Aufklärung die erste Position in der Gesellschaft einnehmen. Eine Gesellschaft unserer Zeit muss deshalb dialogisch strukturiert sein, um so für Fragen und Probleme Lösungen, die meist Ergebnisse eines Dialogs sind, zu finden. Anders wird nur einem geschickten Lösungsgeschrei von Versprechungen zugestimmt. Die Sprache ist eine der Grundlagen, auf der die Menschen Gemeinschaft vollziehen. Wer spricht, gebraucht keine Gewalt. Das die Gemeinschaft Offenbarende wie Fördernde ist neben der Sprache der Gesang und die Musik. Gewiss wurden alle drei auch schon kriegerisch eingesetzt. Vor ähnlichem Missbrauch ist nichts sicher, nicht einmal die eigentlich Frieden schaffende Religion, wie die Geschichte hinlänglich beweist.

Ich bin der Meinung, wir müssen über den Stellenwert des Dialogischen in unseren Gesellschaften so, als stünden wir am Anfang, nachdenken. Deshalb mein Vorschlag, damit im Leben früh zu beginnen. Damit das, was wir Dialog nennen, zur Selbstverständlichkeit wird. Zunächst als Einleitung eine Selbstverständlichkeit: Kinder niemals mundtot machen.

Das heiß nicht, dass Kinder ständig dazwischen plappern, denn auch der Dialog im späteren Leben braucht eine geordnete Form.

Kindheit und Jugend sind ausgefüllt mit Schule und Lernen. Hier soll die Kenntnisaneignung grundsätzlich vom Dialog bestimmt sein, was vor allem für den Lehrer und für jedes Fach gilt. Ein Eingehen auf das Schülerverständnis und die Verstehensmöglichkeiten der Materie macht das Dialogische möglich. Das Gegenteil ist die mit Autorität, frontal übermittelte Informationsweitergabe, deren Endergebnis bewertet wird. Nichts gegen Bewertung, aber die Einführung in Sachverhalte und deren Vertiefung geschieht besser in einer Art Zwiegespräch. Das entspricht mehr der zu entwickelnden Intelligenz des Lernenden wie dem Gegenstand des Wissens, der meist komplex ist. So kann dialogisches Denken zur Form des Denkens schlechthin werden, d.h zu einer das Leben bestimmenden Haltung. Was von der Art des Lernens in der Schule zu sagen ist, gilt in geänderter Form auch für das häusliche Gespräch am Mittags- oder Abendtisch.

Für viele ist der Dialog nur scheinbar eine Selbstverständlichkeit. Sie meinen, wenn sie reden, dann sei das immer ein Dialog. Der Beweis sind Flegeleien in Parlamenten und Parteiversammlungen. Der Brandenburger Parteivorsitzende Kalbitz nannte beim Kyffhäusertreffen die AfD "Totengräber der faulen Reste dieser 68-Zersetzung" der „am Boden liegenden, entmerkelten Reste einer Nation". Der Anti-Gipfel eines Dialogs ist erreicht, wenn die stellvertretende AfD-Chefin Beatrix von Storch die Kanzlerin als die „größte Rechtsbrecherin der deutschen Nachkriegsgeschichte" bezeichnet.

Nicht die Demokratie als politisches System ist in einer Krise, die vermeintlichen Demokraten sind in einer geistigen Verwilderung.

Die Manieren eines Dialogs müssen früh eingeübt werden,

damit sie in langfristiger Perspektive zu einer gewissen Selbstverständlichkeit werden.

Man glaubt, gewisse Länder befänden sich aufgrund der Meinungsunterdrückung seit einiger Zeit in einer Demokratiekrise, die auch politisch gefestigte Staaten ergreife. Der Umgang mit der Opposition in den USA, Ungarn, in der Türkei und in Russland widerspricht einem dialogischen Staatsleben. Dass in einem Land mindestens zwei Meinungen anzutreffen sind, ist normal. Und dem muss auch Rechnung getragen werden, was offensichtlich nicht geschieht. Beweis sind Inhaftierungen in der Türkei, das Niedermachen von Oppositionellen in der Tschechei, die lebensgefährdende Regierungskritik unter Putin und das Niedermachen der Demokraten durch Trump.
Der friedliche Umgang mit der gegenteiligen Meinung gehört eigentlich schon immer zum privaten, gesellschaftlichen Bereich wie zum Staatsleben; aber vielleicht darf man die aufklärende Epoche wegen ihrer Folgen für das Zusammenleben besonders betonen. Neben den fundamentalen Menschenrechten liegt der Bildung, der Meinungsfreiheit und der Toleranz zugrunde der Dialog.

Der Dialog ist der Einstieg in eine Problematik wie auch der letzte Schritt hin zu einem Ergebnis als Kompromiss. Wenn Kant sagt, wir lebten im Zeitalter der Aufklärung, aber nicht in einem aufgeklärten Zeitalter, dann trifft das auch, ob direkt oder indirekt, den Dialog. Da dieser den Lebensstil, der nicht zwischen zwölf und Mittag erworben wird, prägt, ist er etwas, was die Langzeit im Erwerb wie in der Auswirkung betrifft. In diesem Zusammenhang zeigt sich in der bereits erläuterten Erziehung das, was die grundsätzliche Haltung des Menschen angeht. Das zu bedenkende Problemfeld ist die Religion.
Religion gehört zu jeder Kultur wie zu jeder Gesellschaft. Verbände, Parteien, Gruppierungen repräsentieren immer

nur, auch wenn sie noch so groß sind, Teile einer Gesellschaft. Etablierte Religionen, bei uns Kirchen genannt, scheinen die Formen zu sein, über denen nichts Repräsentativeres angesiedelt ist. Alle möglichen Gesellschaftsschichten gehören ihr an. Eine breitere Vertretung ist nicht möglich. Deshalb soll das Problem des Dialogs trotz aller Fragwürdigkeit ähnlich der Erziehung hier ansetzen.

Der Abscheu weiter Teile des Islam vor dem Westen, die Ablehnung der Aufklärung durch bedeutende Teile des Katholizismus, die Vertreter und deren Nachfolger von „Kein anderes Evangelium" sind Beispiele einer Front gegen den Dialog.

Dass es unterschiedliche Formen der Lebenseinstellungen wie Deutungen des Lebens gibt, folgt aus dem, was Menschen sind. Was sie bei aller Verschiedenheit verbindet, ist neben anderen Erlebnisformen vor allem der Dialog. Da er das Wort als Mittel, Form oder Basis hat, kann alles, was bewegt, zur Sprache gebracht werden. Im Wort ist die Erkenntnis enthalten, wodurch man weiß, worum es geht. Da man überlegen muss, was man sagt, sollte im eigenen Denken, bevor man redet, schon Hausputz enthalten sein. Wenn das nicht der Fall ist, dann verunmöglicht man den Dialog, der ja nicht einem Naturgesetz wie der Physik unterliegt. Man kann auch sagen der Dialog ist kein Automat. Das zeigt sich in den beginnenden Demonstrationen der jungen Generation, der es um die Lebensbedingungen der Zukunft geht. Von den Verhandlungen der Parteien und deren Ergebnissen hat man genug. Hier zeigt sich, Dialoge und deren Ergebnisse reichen nicht; deren Ergebnisse müssen umgesetzt werden.

Das Wie des Redens ist von unserem Willen bestimmt, und der muss wissen, wie er was will. Im Dialog haben wir grundsätzlich die Möglichkeit zu einem sachlich-friedlichen Ausgleich zu kommen. Nur muss man diesen auch wollen. Im AfD Bundestagswahlprogramm 2017 heißt es:„Die

Ideologie des Multikulturalismus gefährdet alle ... kulturellen Errungenschaften. Multi-Kultur ist Nicht-Kultur". In einem solchen Denken gibt es keinen friedlichen Ausgleich. Auch nicht, wenn der bayrische Ministerpräsidenten Söder Trump imitierend von „Deutschland zuerst", und Dobrint von einer „konservativen Revolution", um die "Festung Europa" zu verteidigen, spricht; von dieser Festung hat auch Goebbels lauthals getönt. Dieses Denken passt weder zu unserer Geschichte, die immer wieder Bewegungen kannte, noch hat diese Kultur in der Gegenwart einen Ort. Völkerbewegungen sind normal, und der Mensch in seiner geistigen Offenheit kann damit zurechtkommen. Die Geschichte beweist, wie letztendlich Fortschritte in der Kultur wie im Alltagsleben entstanden sind. Aber damit scheint es gerade heute in eigentlich vorbildlichen Ländern dennoch erhebliche Schwierigkeiten zu geben. Der AfD-Vertreter spricht von der „Flüchtlingsflut" und einem „Rohrbruch".

Deutschland war bisher ein Reiseland mit Urlaubszielen auf der ganzen Welt, vom Himalaja bis in die Wüste Gobi und Afrika. Fremdes bestaunen ist keine Auseinandersetzung, ist nicht ein Verstehen, ein Eindringen des eigenen Denkens in das Vorgegebene. Das sind wesentliche Teile des Dialogs, bei dem keiner der Beteiligten derselbe ist wie am Anfang. Der Dialog führt zum Ausgleich, zum Kompromiss, jedenfalls zu neuen Erkenntnissen, wobei wir über die Offenheit entscheiden. So darf man den Dialog als humanen Weg zueinander begreifen. Alle Vergleiche aus Handwerk, Technik und Wirtschaft treffen nicht das Humane. Die Ethik als Menschenrechtsfundamentalismus verfehlt ebenso das dialogisch Humane.

Der Dialog als Lebensprinzip der Religionen

Der Dialog ist in verschiedener Hinsicht ein Problem der

Religion; allerdings ist in dieser Beziehung Asien von der westlichen Halbkugel zu unterscheiden. Über dortige Religionsformen und Schwierigkeiten vermag ich nichts Erhellendes zu sagen. Meine oberflächlichen Kenntnisse verbieten mir, über den Westen hinaus Aussagen zu machen. So bleibe ich in Bezug auf den Dialog bei den drei monotheistischen Religionen. Und da der Dialog der Religionen innerhalb wie zwischen denselben und nicht die systematische Behandlung im Vordergrund steht, wird die Nähe der Religionen zum Leben deutlich, denn Leben spiegelt sich im Dialog.

Der Dialog innerhalb der Religionen ist vielfach trotz aller „verwandtschaftlichen" Beziehungen ein Problem. Zunächst hat man gemeinsame Überzeugungen wie einen festen, „unverrückbaren" Boden, in den man seine persönlichen Spuren eingraviert. Vielleicht sehen es manche so. Ich halte dennoch dieses Bild für falsch. Es gebraucht Gegenstände, Dinge außerhalb unserer Selbst als Mittel des verdeutlichenden Vergleichs. Die Religion ist nicht sachlich sondern persönlich. Sie ist zunächst eine innere Überzeugung, somit etwas Unveräußerliches, auch wenn wir darüber reden. Sie bleibt auch dann noch intim. So kann man sagen, Religion ist einmal persönlich und dann „urpersönlich". Auf jeden Fall ein Teil unserer Selbst.

Wenn uns Religion in schriftlicher Form begegnet, meist in Texten längst vergangener Zeiten, dann begegnet uns, wie die Texte genommen werden, eine feststehend-gültige Interpretation, auf die sich Autoritäten von heute stützen und bei Herausforderungen berufen. Hier haben wir es mit reellen und virtuellen Dialogen zu tun. Es kommt zu wirklichen Gesprächen und zu schriftlichen Auseinandersetzungen.

Die christlichen Kirchen und vor allem die Theologie haben in den vergangenen Jahrzehnten Fortschritte auf der theologischen Basis gemacht, sowohl virtuell wie auch reell. Zwar gibt es noch immer Verteidiger von Besitztümern, die

die Alternativen kaum zur Kenntnis nehmen; aber wem die Zukunft endgültig gehört, entscheidet die Antwort auf die Fragen und Probleme künftiger Lebenswirklichkeit. Wenn gegenwärtig auch das Althergebrachte beeindruckt, so deshalb, weil der Dialog in einen mehr oder weniger tiefen Schlaf gefallen ist. Beweis: Trotz des Drängens auf Veränderung, lässt man alles, wie es schon immer war.

Was in Bezug auf die etablierten Religionen, hier besonders auf den Katholizismus bedacht werden muss, ist die Angst vor dem Neuen, da das Alte sich bewährt und Sicherheit versprochen hat. Eine Parallele ist gegenwärtig im Gesellschaftlich-Politischen die Rückbesinnung auf das Nationale. Dabei stellt sich für mich die Frage: Hat das religiöse Wir-Bewusstsein, das im Glauben des Besitzes der Wahrheit begründet ist, das gesellschaftlich-politische Denken so beeinflusst, dass es ab- und ausgrenzend wirkt? Von hier aus ist die Flüchtlingsdiskussion, die mehr in Richtung Eroberung von Stimmen als um Dialog ging, zu sehen.

Als Hintergrund darf dazu noch eine konservative Stimmung sowohl in den religiös konservativen Ländern wie in den sich fortschrittlich dünkenden Demokratien angenommen werden. Dann könnten Wahlen eine kollektive Autosuggestion erzeugen, in der die Ängste der Bevölkerung vor dem Blick und dem Schritt in die Zukunft die Vergangenheit verklären.

Auch hier, im Zwischen von Religion und Weltanschauung zeigt sich für mich die Notwendigkeit des Dialogs, der als wesentliches Kennzeichen die Offenheit hat. Nur auf diesem Weg lassen sich auch die Schwierigkeiten der Zeit, die aus Vergangenheit, Gegenwart und Zukunft bestehen, lösen.

Der Dialog innerhalb der christlichen Religion hat zu einem tieferen und breiteren Verständnis der biblischen Tradition geführt. Diese hat eine intellektuelle und eine rituelle Seite. Erstere zeigt sich in Vorträgen, Diskussionen, Berichterstattungen der Medien, der Literatur und in kirchlichen Veranstaltungen. Auf diesem Gebiet ist die Religion anpassungsfähig und dynamisch, allerdings wenig in Zahlen darstellbar. In Bezug auf Riten gibt es kaum Anpassungen an die Zeit. Da alles bleiben soll, wie es schon immer war, ist das Konservative beherrschend und das Arbeitsfeld der Funktionäre und Kirchenleitungen.

Religion hat eine vom Wort bestimmte und eine am Brauchtum orientierte Seite. Beide entsprechen dem geistig körperlich-seelischen Menschsein. Sie haben sich im Laufe der Geschichte entfaltet und müssen diese Möglichkeit auch heute haben. Der Rückgang des Kirchenbesuchs und das Zunehmen der kirchenmusikalischen Veranstaltungen dürften die Situation verdeutlichen. Neuen Formen eines tieferen Erlebens ist deshalb in den Kirchen Raum zu geben.

Der Dialog innerhalb der Religionen ist schon immer ein Problem. Der Dialog zwischen den Religionen ist eine Notwendigkeit. Es geht um den Frieden, um einfach für sich leben und auch zusammen leben zu können. Das Ziel ist klar: Friede, nicht Einfluss und Machtverteidigung.

Religionen haben gewöhnlich ein sogenanntes Glaubenssystem. Darüber kann man debattieren wie es der Ägypter Hamed Abdel-Samad mit aller Schärfe tut. Seine Kritik bezieht sich auf innerislamische Positionen wie auch auf das Verhältnis des Islam zu nationalen und internationalen Konstellationen.

Für die westliche Welt ist die Trennung von Kirche/Religion und Staat eine Grundvoraussetzung des menschlichen Lebens überhaupt. Gewiss war das nicht zu allen Zeiten der Fall. Aber die Aufklärung hat ein Bewusstsein geschaffen, das den Freiraum des Menschen dem Staat überordnet. Das Verhältnis der Religionen steht somit nicht unter staatlicher Vormundschaft. Das Denken, der dialogische Austausch und auch der Religionswechsel, auch wenn seine Strafbarkeit scheinbar legitimiert ist, unterstehen der Freiheit des Individuums. Die Wirklichkeit der Verhältnisse ist am Althergebrachten, das modernem Staatsdenken widerspricht, orientiert. Da dürfte aus mehreren Gründen kein Weg in die Zukunft zu finden sein. Der Weg in die Zukunft, ob er kurz oder lang ist, ob er sich in Annäherungen oder Distanzierungen vollzieht, ist der Dialog, den die gegenseitige Offenheit verkürzen kann. Die Berufung auf religiöse Texte offenbart dann nur deren Zeitbedingtheit und sonst nichts. Werden sie als Anweisung genommen, dann geschieht Unrecht.

Im Dialog gibt es am Ende keinen Sieger, denn niemand wird überwunden. Es gibt wohl einen Ausgleich, der zu einer Seite eine Neigung haben kann. Diese ist durch die Einsicht in das bessere Argument verursacht. Die Alternative ist die Verteidigung der eigenen Position bis „zum geht nicht mehr". Dann ist im Dialog die Macht und nicht die Vernunft ausschlaggebend oder entscheidend. Beweise hierfür liefert die Politik schon seit Jahrzehnten.

Da der Dialog sowohl Rechthaberei wie Macht ausschließt, müssen die Gesellschaften den Dialog in die Basis ihres Zusammenlebens als Wesensbestandteil einbauen. Eine Aufgabe der Bildungs- und Jugendarbeit, für die sich die Parteien stark machen müssen.

Mit der gesellschaftlichen Leitvorstellung Dialog würde die Aufklärung, wenn leider auch nicht mehr die Gegenwart, dann vielleicht die Zukunft als aufgeklärtes Zeitalter (Kant) bestimmen.

Die Religion zwischen Pessimismus und Optimismus

Die Wissenschaften und das Lebensverständnis

Wer die heutigen Weltverhältnisse erklären will, muss ausführlich die wissenschaftlichen Ergebnisse darlegen, was hier nur in Kürze erfolgt. Die Physik hat die Welt im Großen wie im Kleinen völlig neu erscheinen lassen. Die Biologie hat jenseits der naiven Naturbetrachtung die dynamischen Naturabläufe als Evolution erkannt. Die Chemie bestimmt die Nahrungsmittel-Produktion und die Pharmaindustrie, ohne die es lebensbedrohende Krankheitseinbrüche gäbe. Dazu gehört auch die naturwissenschaftlich bestimmte Medizin, ohne die die Bevölkerung um mehrere Prozente geringer wäre.

Die übrigen Human-Gesellschafts- und Geisteswissenschaften seien der Vollständigkeit halber noch erwähnt. Letztere zeigen allerdings auch, dass jegliche Erfahrung heutzutage immer sehr bald die Form einer Wissenschaft bekommt. So wird ein Erfahrungskomplex als Einheit begriffen, gegenseitige sich verursachende Elemente werden genauestens dargestellt und Schlussfolgerungen gezogen.

Das Ganze unserer wissenschaftlichen Welt kann man differenzierter sehen, aber das Ergebnis wird das gleiche sein: Die Neuzeit bis heute ist wissenschaftlich bestimmt. Das Prädikat Wissenschaft, was nur so viel besagt, wie wissenschaftlich erprobt und nicht mehr, ist im Alltag und in der Werbung der Beweis der Wahrheit, so und nicht anders ist es. Jenseits dieser Täuschung gilt: Wissenschaft ist das Paradigma unseres Weltverhältnisses. Wer das nicht gelten lässt steht außerhalb unsere kulturellen Verhältnisse.

Gewiss kann man versuchen, alles im Leben wissenschaftlich anzugehen. Nur das Gelingen kann problematisch werden, wenn das „Objekt" sperrig ist. Das Verhalten des Menschen ist von dieser Art. Was der Mensch an Vielfältigem, Widersinnigem und kurzfristig Ausgedachten vom Morgen bis zum Abend tut, dient nach seiner Vorstellung dem Leben, auch der nächtliche Schlaf. Die Lebensdienlichkeit ist so selbstverständlich, dass es keiner weiteren Beweise bedarf. Die Religion macht hier keine Ausnahme, auch wenn manche der Religion eine wie auch immer geartete andere lebensfremde Bedeutung geben. Nur darf man die Religion im Zusammenhang ihrer Zeit nicht zu simpel sehen. Die allbekannte Krise, die alle regionalen, kontinentalen und immer auch globalen Lebensbereich einschließt, betrifft die Lebenseinstellungen und Mentalitäten breiter Gesellschaftsschichten. Wird dieser Zustand in seiner Fülle an Bestimmungsfaktoren gesehen, dann ist Orientierung gefragt. Diese besteht darin, was sich als Tatsache zeigt, auf Grundgegebenheiten oder Ursachen zurückzuführen. So hat es uns Marx auf dem Gebiet der Ökonomie vorgemacht.

Die Religionen haben verschiedene Einstellungen zur Welt, zu dem, was den Menschen angeht. Sie sehen die Lebenswelt sowohl pessimistisch, im Grunde als mehr oder weniger schlecht, oder optimistisch, als bejahenswert. Wir haben es mit Grundeinstellungen zu tun. Fast möchte ich sagen, es sind Einstellungen, die einer Begegnung, einem Subjekt-Objekt-Verhältnis, vorausgehen. Die Problemfrage ist, wie ist das möglich?

Für den Beginn unserer Geschichte überhaupt, d-h. um den Beginn deutlich machen zu können, ist anzunehmen, dass der Faktor Mensch gegenüber der Welt so positiv eingestellt war, dass er mit dieser in Verbindung getreten ist. Damit wird ein grundlegender Optimismus deutlich. Ein Pessimismus hätte einen solchen Beginn nicht ermöglicht. Pessimismus und Optimismus wirken, einfach gesagt, wie Abstoßung und Anziehung. Diese das Gegenüber bejahende Haltung ist dem Faktor Mensch geblieben. Ohne diesen Positivismus ist nicht nur der Beginn, auch nicht der weitere Fortschritt der Epochen der Geschichte zu erklären.

Eine andere Erklärung soll das Bild mit einer grünen oder roten Brille liefern Danach erscheint alles in der entsprechenden Farbe. Die Grundeinstellung ist dann die grüne oder rote Brille, und dem Nachdenken oder Überlegen erscheint dann alles entweder optimistisch oder pessimistisch. In der Praxis ist es allerdings so, dass die

Grundeinstellung meist in und durch die Erziehung „vererbt" wird. Diese beiden Idealformen der Weltbegegnung verdanken wir dem Zeitalter der Aufklärung. Der Streit zwischen Leibniz und den Jesuiten ist für unsere Fragen uninteressant.

Unter den Religionen gilt das Judentum als optimistisch Die von Gott geschaffene Welt wird als gut erfahren. Heißt es doch nach jeder Strophe des Schöpfungsgedichts, „Und Gott sah, dass es gut war". Das Zusammenleben der Menschen war im Großen und Kleinen durch die Zehn Gebote (2Mose 19,1 ff.) durch die anschließenden Rechtsverordnungen, die Kultvorschriften und die Regelungen des Alltäglichen bestimmt. Das Zusammenleben sollte durch Lebenshilfen geordnet sich vollziehen. Die dennoch auftretenden Ungerechtigkeiten festzustellen und zu bekämpfen, war Aufgabe der Propheten, in deren Tradition auch Jesus stand. Die Bergpredigt (Mt 5-7)und die Predigt auf dem Felde (Lk 6,17-49) sind ein Zeugnis einer ideal, optimistisch begriffenen Lebensnähe. Die in diesen Predigten anvisierte Welt ist geradezu paradiesisch. Die allenthalben von Jesus geforderte Feindesliebe sieht die Welt ebenfalls optimistisch. Und dieser zukünftige Zustand hat nichts mit einer Träumerei zu tun, denn er soll so gesehen werden, als stünde er vor der Türe.

Auch der Glaube an die Auferstehung Jesu dürfte in diesem Zusammenhang zu sehen sein. Die von Jesus eingeleitete Friedenspredigt darf mit seinem Tod nicht zu Ende sein. Diese Friedensüberzeugung muss weiterwirken. Gott ist hier der Herr des Geschehens, damit es auch kommende Generationen erfasst. Gott ist die lebendig machende Kraft, die diesen Jesus, der leiblich gewirkt und gepredigt hat, in sein Leben aufgenommen hat. Das Geschehen in Gott wird so zum Hinweis auf das Fortwirken der Tätigkeit Jesu. Ähnlich wie wir einen verstorbenen Menschen in unserer Erinnerung gedächtnismäßig erschaffen entsteht in Gott dieser als gelebt habender vollkommen neu. Unsere

Erinnerung ist ein Abklatsch, was in Gott geschieht, ist kaum zu erahnen.

So ist der Glaube an die Auferstehung, da der dem Leben Jesu wie auch dem unseren eine allerletzte Bedeutung gibt, mehr eine Befreiung als eine Erschwernis des Lebens.

Wie jede Religion, so hat auch die biblische das Negative, das Böse, das Leben Beeinträchtigende und Zerstörende, gekannt. Aber die Ausrichtung der biblischen war das zu denkende und zu tuende Gute. Man könnte sagen, deshalb die Gebote und Anweisungen, damit es gut zugeht. So bleibt die Ausrichtung auf das Gute, das man tun und denken soll, das Entscheidende. Und deshalb soll man über das Negative auch nicht so viel nachdenken. Die Folge ist: Der Bibel ist ein optimistisches Zeugnis auszustellen.

Die asiatischen Religionen wollen selbstverständlich auch das Gute. Aber der ständig sich wiederholende Naturablauf, die Gliederung oder der Aufbau der Gesellschaft führten zum wenig erlösenden Wiedergeburtsglauben und zur gemeinschaftsverhindernden Kastenordnung. Und für den Buddhismus ist alles Leben Leiden: Geburt, Alter, Krankheit, Tod, nicht bekommen, was man will etc. Wie kann man das Leiden aufheben? Durch Aufhebung des Lebensdurstes, durch restlose Vernichtung des Begehrens. Im Zen-Buddhismus geht es darum, alle Gegenstände und Gedanken loszulassen, leer zu werden, sich selbst nicht im Wege zu stehen.

Ohne auf weitere Einzelheiten des Hinduismus und Buddhismus einzugehen, darf man feststellen, der Weltbezug des Menschen geht verloren. Das dürfte der Grund sein, dass Asien das wissenschaftliche Denken mit allen Konsequenzen nicht einleiten konnte. Was für uns die Neuzeit prägt, ist bei aller Kritik global betrachtet, ein viele Bereiche fördernder Menschheitsfortschritt. Geht es um Entwicklungen aus sozialen, wirtschaftlichen und Gesamtmiseren, dann erwartet man Lösungen von Industrienationen.

Die Aufklärung war nicht einseitig, einfach begeistert vom vernunftbegründeten Fortschritt. Das wird deutlich in der Wende von Rousseaus Leben. Die Akademie von Dijon stellte die Preisfrage: „Hat der Fortschritt der Wissenschaften und Künste zum Verderb oder zur Veredlung der Sitten beigetragen?" Rousseaus Antwort war nein. Athen erlangte zwar die Vorherrschaft gegenüber Sparta, aber die Sitten verfielen. Hohe Kulturen zeigen Verweichlichung und Sittenverfall, primitive können ihre Kräfte sammeln, um über-zivilisierte zu stürzen. Zu denken ist hier an Rom und die Germanen.

Rousseau ging es vor allem um die Überwindung der Ungleichheit, wie sie deutlich wird in seinem zweiten Hauptwerk, der „volonté générale". Der Mensch gibt in einem Gesellschaftsvertrag seine Freiheit an das Gemeinwohl ab- Rousseau träumt von bäuerlich patriarchalischen Verhältnissen mit wenig Geldumlauf, wodurch er zeigt, dass er für die damaligen Verhältnisse ein Außenseiter war.

Die Aufklärung war bei allen Kontroversen gekennzeichnet von einer Aufbruchsstimmung, dann hätte der Begriff Fortschritt keinen Platz in dieser 'Epoche. Ganz anders die Stimmung, die sich anschließend im 19. Jahrhundert breit machte. Raus war der Pessimismus.

Ganz anders die Stimmung, die sich im 19. Jahrhundert breit machte: der Pessimismus. Am Ende dieser Entwicklung stand Nietzsche, dessen „toller Mensch" Gott für tot erklärte. Seit dem ist alles nur noch ein Irren wie durch ein unendliches Nichts. Statt Ordnung Irrsal und Wirrsal, ein Riesendurcheinander ohne Unten und Oben. Am Anfang steht Schopenhauer (1788-1860). Für ihn ist die Welt ein Jammertal. Hatte Leibniz geschrieben, die Welt, in der wir leben, ist die beste aller möglichen Welten, so erwiderte Schopenhauer, sie sei die schlechteste aller möglichen Welten; wäre sie nur ein wenig schlechter, dann könnte sie überhaupt nicht existieren.

Hatte man in der vorkantischen Zeit gemeint, die Ordnung der Wirklichkeit als Ganze sei vernünftig, so wird dieser Glaube jetzt mit der Lehre vom blinden, ziellosen Willen aufgegeben. In der Wirklichkeit ist keine Spur von Vernünftigkeit. So wird die Preisgabe des Glaubens an eine vernünftige Weltordnung zur eigentlichen Ursache des Pessimismus.

Ein Dasein, das sinnvoll und qualvoll ist, muss verneint werden. Dagegen steht allerdings die triebhafte Bejahung, die sich im Willen zeigt. Dieser Selbsterhaltungstrieb muss verneint werden. Dieser Trieb hängt am „Weltrad", das man zum Stillstand bringen müsste, dann würde auch das Leid verschwinden. Dieses Denken nähert sich dem indischen. Der Wille zum Leben, wie wir ihn aus der biblischen Religion kennen, steht dem entgegen.

Als Abschluss einige Bemerkungen zum Tod. Schopenhauer sagt: „Schwerlich … würde, auch ohne den Tod philosophiert werden". Einzig die Philosophie bietet Trost. Sie lehrt, der Einzelne stirbt zwar, aber Sterben ist „Befreiung von der Urkraft der Individualität … die ursprüngliche Freiheit tritt wieder ein", denn die Urkraft allen Werdens, die absolut frei ist, bleibt.

Die Bibel hat ein absolut entgegengesetztes Weltbild. Schopenhauer sieht die Welt wegen ihrer Mängel pessimistisch, die Bibel optimistisch. Da Pessimismus und Optimismus weniger aus denkerischen Analysen und mehr aus gesamtmenschlichen Erfahrungen stammen, muss ihnen mit Erfahrungen begegnet werden. Leider haben die etablierten Religionen etwas Unausgelüftetes. Allein schon die Worte Religion und Kirche erinnern an Lebensfremdes. Die Atmosphäre muss aufgeschlossener werden und heutigen Lebensgewohnheiten entsprechen. Die „Vesperkirche" ist ein erster Gehversuch in Richtung einer zeitgemäßen Kirche.

Das Ganze der wissenschaftlichen Erkenntnis und die Einheit des Erlebens

Unsere heutige Wirklichkeit ist primär von der Wissenschaft bestimmt. Das beginnt bereits um 1300. Das genau bestimmte Einzelne ist die Wirklichkeit; vorher war es das allgemein Bekannte. Vorher: Das Tier, die Pflanze. Jetzt: Dieses Tier, dieser Hund, diese Kuh oder diese Eiche, diese Rose. Dadurch wird unsere Welt so vielfältig, groß und bedeutend. Da zeigt sich die Unendlichkeit unserer Erdkugel. Dieses Ganze wird von uns wissenschaftlich beherrscht durch Denken. Heute wird dieses wissenschaftliche Denken einseitig für das Ganze genommen.

Die wissenschaftlich-technische Welt ist immens geworden, d.h. sie beherrscht das gesellschaftliche und private Leben. Der Mensch lebt aber nicht nur in dieser Welt der Wissenschaft, sondern er lebt primär in der Welt, die er als Einheit erfährt. Was heißt dieses ‚Als Einheit erfahren'? Zunächst einmal sieht der Mensch sein Leben von Beginn bis zum Ende, wobei sowohl der Beginn fragwürdig ist wie auch das Ende. Denn wann beginnt das Leben? Für die Einen beginnt das Leben mit der Zeugung, für andere mit der Geburt. Nun stellen wir fest, dass der kleine Fritz Charakterzüge seines Opas trägt. Also beginnt das Leben schon viel früher. Und wie ist es mit dem Ende? Wie sich das Ende gestaltet, weiß niemand. Wir wissen nur ‚Er hat die Augen geschlossen'. Doch kein Mensch hat uns gesagt, was dann ist. Und innerhalb des Lebens gibt es ein Auf und Ab. Es gibt glückliche und traurige Stunden. Und dieses Leben ist das Leben, das wir erfahren. Aber wir erfahren unser Leben nicht nur individuell sondern in einer Ganzheit von Natur und anderen Lebewesen, d.h. Tieren. Und das merken wir besonders heute, da die Natur von uns entfremdet ist und die Tiere auch immer mehr Abstand nehmen. Wir versuchen das zu überwinden, indem wir Tiere halten und in der Natur Erholung suchen. Und der Mensch sucht eine Einheit in der Natur und im Sozialen. Deshalb die vielen Gebote, die wir in den Religionen haben, damit dann soziale Natur erfahren werden kann. Das hat sich entwickelt von der Distanz bis zur Feindesliebe in der Bibel.

Der Mensch sucht das Hintergründige, das Untergründige und das Übergründige im Vordergründigen. Und das ist auch berechtigt, denn die Wirklichkeit ist dialektisch aufgebaut. Es gibt die Immanenz und die Transzendenz.

Über den Autor

Werner Wagner, geb. 1931, Studium der Philosophie und Theologie als Dominikaner auf der Hochschule in Walberberg bei Bonn von 1952 bis 1960. Abschluss: Lektoratsdissertation "Offenbarungstat Gottes und Glauben des Menschen nach Karl Barth". Anschließend intensives Privatstudium ev. Theologie und vor allem der Werke des Religionsphilosophen Paul Tillich. Bedingt durch dessen Einfluss und die Situation nach dem Zweiten Vatikanum erfolgte 1966 der Übertritt in die ev. Kirche. Zwischenzeitlich Studium der Geschichte mit Abschlussexamen in Freiburg im Breisgau. Nachträglich Examen in Philosophie an der Universität Stuttgart. Von 1968 bis 1995 Lehrer der ev. Theologie, Geschichte und Philosophie im gymnasialen Schuldienst.